KB137289

내 인생의 가장 큰 위로인 당신에게 드립니다.

당신의 마음에 영화를 처방해 드립니다

당신의 마음에
영화를
처방해 드립니다

전우영

행성B

차례

프롤로그

일주일에 한 번,
나는 내 마음에 영화를 처방한다

심리학이 고마운 이유

돌이켜보면 심리학을 공부하길 참 잘했다는 생각이 든다. 처음에는 심리학 실험이 너무 흥미진진해서 심리학의 매력에 빠졌다. 하지만 시간이 지날수록 심리학이 내가 이전에는 보지 못했고 그래서 이해하지도 못했던 사람과 세상을 새롭게 보고, 이해할 수 있도록 만들어주었다는 것을 알게 됐다.

심리학은 나와 내 곁에 있는 사람들의 마음과 행동을 더 깊이 이해할 수 있게 도와준다. 또한 우리가 살고 있는 사회의 마음이 왜 그렇게 작동하는지도 알려준다. 심리학이 고마운 이유다.

심리학자의 마음은 누가 위로해주나요?

심리학을 공부한다고 해서 우리의 마음이 늘 안전한 것은 아니다. 심리학을 열심히 공부한 사람의 마음도 흔들리기 마런이고, 상처가 나고, 아픔이 찾아온다.

안타깝게도 이 세상에 심리학자의 마음을 걱정하는 사람은 거의 없다. 다들 심리학자는 내 마음을 위로해주는 사람이어야지, 내 위로를 기다리는 사람일 수는 없다고 생각하기 때문이다.

하지만 심리학자의 마음도 위로가 필요한 날이 있다. 이 책은 바로 그날에 영화를 찾았던, 그래서 영화로부터 위로를 건네받았던 심리학자의 이야기이다.

영화의 위로

처음에는 그냥 영화가 좋았다. 그래서 영화를 찾았다. 그러다 얼마 지나지 않아서 알게 됐다. 영화를 보고 나면 내 마음이 나아진다는 것을. 그래서 나도 모르게 자꾸 영화를 찾았다는 사실을. 갑갑하게 닫혀있던 마음에 어느새 숨통이 트였고, 끊임없이 내 마음속을 비집고 들어왔던 짜증과 억울함도 잦아들었다.

영화에는 마음을 위로하는 힘이 있다. 영화가 주는 위로는 영화가 우리 마음의 작동방식을 변화시키기 때문에 발생한다. 멈춤과 전환!

마음을 잠시 멈추게 하는 힘

사람의 마음은 주의를 끄는 자극에 자동적으로 반응하도록 만들어져 있다. 문제는 주의를 끄는 자극이 우리에게 상처를 주는 것이어도 마음은 그 자극에 반응하고 그 결과, 사로잡히고 만다는 것이다.

아픈 기억이나 나쁜 사람은 우리의 주의를 자동적으로 끌어당긴다. 그래서 다시는 떠올리고 싶지 않은데도 이들은 반복적으로 우리의 마음을 침범한다. 이 때문에 마음의 상처가 다 아물기도 전에 다시 꺼내고 되새김질해서 상처를 덧내는 일이 반복된다. 마음에 생긴 상처가 점점 깊어지는 이유가 이런 심리적 과정 때문이다.

하지만 영화를 보고 있는 동안 우리 마음속 전쟁은 잠시 휴전을 선언한다. 하루에 5분만 숨통이 트여도 살만하다고 하는데(28. 나의 해방일지 2), 영화는 우리의 마음에 최소한 90분의 평화를 제공한다. 덕분에 마음은 잠시 멈출 수 있고, 멈춤은 우리에게 회복의 기회를 선사한다.

관점을 전환시키는 힘

인간은 본능적으로 자신의 관점에서 세상을 보도록 만들어졌다. 그런 까닭에 우리에게 가장 쉽고 편한 것은 자기중심적으로 세상을 보는 것이다. 반면, 인간에게 가장 어렵고 불편한 것이 바로 다른 사람의 관점에서 세상을 보는 것이다. 영화는 이 어려운 일을 자연스럽게 해낼 수 있도록 우리를 돕는다. 우리는 주인공의 눈으로, 또는 감독의 시선으로 영화 속 세상을 바라본다. 한 방향으로 고정되어 있던 마음의 카메라가 그동안 보지 못했던 세상을 향해 방향을 돌릴 수 있게 된다.

영화는 우리가 보지 못했던, 그리고 보지 않으려고 애썼던 세상을 보고 경험할 수 있게 해준다. 덕분에 우리는 빈곤에 처한 사람의 관점에서 세상을 볼 수 있고(25. 기생충), 관습을 넘어서는 대상과 사랑에 빠진 사람을 이해할 수 있고(26. 셰이프 오브 워터: 사랑의 모양), 가족이 아닌 사람들로 구성된 기이한 가족을 지켜주고 싶은 마음을 경험한다(45. 어느 가족). 아이를 어른으로 만드는 것이 자신의 관점에서 벗어나 다른 사람의 관점으로 세상을 조망할 수 있는 능력인 것처럼(12. 이상한 변호사 우영우 1), 영화는 우리의 마음을 아이에서 어른으로 성장시켜준다.

나는 내 마음에 영화를 처방한다

영화에는 우리의 마음을 위로하고 성장시키는 특별한 힘이 있다. 그래서 나는 내 마음에 영화를 처방한다. 봄에는 따뜻함을, 그리고 여름에는 뜨거움을 처방한다. 영화는 가을에는 쓸쓸함으로, 그리고 겨울에는 차가움으로 나를 위로한다.

영화는 나의 개인 상담가다. 전문 트레이너로부터 개인별 운동 처방인 PT(personal training)를 받듯이, 일주일에 한 번

씩 나는 거장들의 영화로부터 개인별 상담 처방인 PC(personal counseling)를 받는다. 일주일에 한 번, 나는 내 마음에 영화를 처방한다.

당신의 마음에 드라마도 처방해 드립니다

드라마에도 같은 힘이 있다는 것을 최근에야 알게 됐다. 영화보다 더 영화 같은, 영화보다 더 큰 위로를 주는 드라마를 발견하는 것은 어려운 일이 아니다. 드라마의 위로. 그래서 이 책에서 이야기하는 '영화'에는 '드라마'도 포함되어 있다. 당신의 마음에 드라마도 처방해 드립니다!

봄의 영화, 따뜻한 위로

1.
왜 내 인생에만
비가 내리는 걸까?

초점주의 오류 : 미드나잇 인 파리(Midnight in Paris)

2010년 파리의 밤. 자정(미드나잇)을 알리는 종소리가 울려 퍼진다. 밤거리를 홀로 헤매다 지쳐 길가의 계단에 걸터앉은 미국인 여행객 길(오언 윌슨 분). 그의 앞에 푸조 자동차 한 대가 멈춰 선다. 돈 많은 자동차 수집광들이나 가지고 있을 법한 1920년대식 클래식 푸조. 자동차 문이 열리고 기분 좋게 술에 취한 사람들이 그를 초대한다. 푸조를 타고 길이 도착한 파티, 그곳은 놀랍게도 1920년대의 파리였다.

1920년대 파리로 가는 시간여행

길에게 1920년대의 파리는 가장 카리스마 넘치는 과거다. 그가 매혹된 헤밍웨이, 피카소와 같은 작가들이 걸작을 만들고 인생과 예술에 대해 토론하던 시절. 푸조를 얻어 타고 길은 자신이 꿈꾸던 가장 아름다운 과거에 도착한 것이다. 그곳에는 길이 원하던 모든 것이 있었다. 바로 새로운 시대를 열었던 예술가들과의 만남이었다. 길은 피츠제럴드 부부를 만나고, 그들은 길을 헤밍웨이에게 소개해 준다. 헤밍웨이는 길이 쓴 소설을 자신이 가장 신뢰하는 비평가 스테인에게 봐달라고 부탁한다. 그리고 스테인의 집에서 피카소와 함께 온 아드리아나(마리옹 코티야르 분)를 만난다. 아드리아나(실존 인물이 아닌 감독이 만들어낸 캐릭터)는 피카소의 연인이지만, 예전에는 모딜리아니와 사귀었던 사람이다. 하지만 피카소를 버리고 길에게 다가온다. 길은 1920년대로 가서 아드리아나와 사랑에 빠진다.

우디 앨런 감독이 연출한 〈미드나잇 인 파리〉는 파리의 아름다움을 감추지 않고 드러낸다. 흥미로운 것은 길이 현재의 파리뿐만 아니라 과거의 파리도 방문한다는 점이다. 그는 대낮에 환한 파리의 현재를 경험하고, 자정이 되면 어둠에 잠긴 파리의 과거를 맞이한다. 현재의 파리는 눈부시다. 하지만 그는 과거의 파리에서 현재보다 더 눈부신 사람들을 만난다. 파리에서 숨 쉬며 살았던, 걸작들을 만들어낸 수많은 천재와 조우하게 된다.

현재보다 르네상스 시대가 더 매력적인 이유

파리의 밤거리. 아드리아나에게 귀걸이를 선물하던 순간, 마차 한 대가 그들 앞에서 멈춘다. 마차에 타고 있던 사람들이 그들을 초대한다. 마차를 타고 도착한 곳은 벨 에포크(Belle Epoque, 18세기 말에서 1차 세계대전 사이의 평화로운 시절), 즉 '아름다운 시절'이라 불리던 1890년대의 파리다. 1920년대를 사는 아드리아나에게도 과거인 시절이다.

아드리아나에게 1890년대의 파리는 역사상 가장 위대하고 아름다운 시대다. 마차는 그들을 아드리아나가 꿈에 그리던 '아름다운 시절'의 레스토랑 '맥심'으로 데리고 간다. 마치 푸조가 길을 그가 꿈꾸던 황금시대인 1920년대의 파리로 데려갔던 것처럼.

아드리아나와 길은 맥심에서 로트렉을 만난다. 그녀에게 로트렉은 자신의 연인이었던 까다롭기 그지없는 피카소보다도 위대한 작가다. 로트렉은 아드리아나와 길에게 자신의 친구인 고갱과 드가를 소개해 준다. 그녀는 자신이 그토록 동경하던 1890년대의 파리에서 자신의 마음속 영웅들을 만날 수 있다는 것이 꿈만 같다. 결국 그녀는 자신이 살던 1920년대로 돌아가는 것을 포기하고 '아름다운 시절'의 파리에 남기로 결심한다.

흥미롭게도 벨 에포크의 예술가들 역시 자신들의 시대에

대한 불만이 가득하다. 고갱은 아드리아나에게 자신이 살고 있는 시대가 공허하고 상상력도 없다고 불평한다. 그러면서 르네상스 시대에 살았으면 더 좋았을 것이라고 한다. 고갱에게는 미켈란젤로와 다빈치가 살던 르네상스 시대가 황금시대였던 것이다.

2010년대를 사는 길에게는 1920년대가 황금시대지만, 1920년대를 사는 아드리아나에게 1920년대는 따분하고 재미없는 현재에 불과하다. 마찬가지로 아드리아나에게는 1890년대의 파리가 황금시대지만, 1890년대를 사는 고갱에게 1890년대는 공허한 현재에 불과하다. 도대체 왜 현재는 현재를 사는 사람들에게 아름다운 시절이 되지 못하는 것일까?

초점주의 오류

현재의 삶에는 수많은 사건이 발생한다. 사랑하고, 취직하고, 결혼하고. 이런 일들은 우리 인생 스토리의 축을 이루는 중심사건이다. 하지만 현재의 삶에는 중심사건만 존재하는 것이 아니다. 사실 주변사건들이 더 많다. 중심사건을 완성하기 위해서, 또는 삶 자체를 유지하기 위해서 어쩔 수 없이 수행하고 겪어야 하는 일들이 현재에 널려 있다. 예를 들어, 결혼이라는 중심사건은 수많은 주변사건들을 수반한다. 예식장 잡고, 청첩장 돌리고, 신혼여행 예약하고. 이 바쁜 와중에도 연말 정산 마감일은 하루도 봐주지 않고 다가오고, 음식물 쓰레기는 악취를 내뿜기 전에 내다 버려야만 한다. 결정적으로 결혼식 날 비가 내린다. 그래서 현재를 살아가는 사람들은 현재의 중심사건만 고스란히 즐길 수 없다. 현재가 현재를 살고 있는 사람들에게 아름다운 시절이 되기 힘든 이유가 여기에 있다.

하지만 조금 떨어져서 삶을 지켜보면 주변사건들은 잘 보이지 않는다. 과거와 미래의 사건, 혹은 다른 사람이 경험한 사건에 대해 생각할 때 사람들은 중심사건에만 주목하고 주변사건의 영향은 간과하는 경향이 있다. 미국 버지니아 대학교의 사회심리학자인 티머시 월슨Timothy Wilson 등의 연구자들은 이를 초점주의(focalism) 오류라고 명명했다. 결혼식에 참석한 하객들에게는 예쁜 신랑, 신부와 아름다운 결혼식만 보인다. 당사자들이 결혼 과정에서 처리해야 했던 귀찮고 짜증 나는 수많은 주변사건들은 잘 보이지 않는다. 그 결과, 하객들은 당사자들이 실제로 느낀 행복감보다 더 큰 행복감을 느꼈을 것이라고 과장된 예측을 하는 경향이 있다.

왜 내 인생만 우중충한 걸까?

사회적 관계망 서비스(SNS)가 우리를 우울하게 만드는 이유도 여기에 있다. '남들은 다 저렇게 행복하게 사는데, 내 인생은 왜 이렇게 우중충하지?' 사회적 관계망 서비스에 올라온 사진들은 모두 환하다. 해외여행에서부터 유명 음식점 사진까지 승리의 브이를 하며 활짝 웃고 있는 사람들. 자신이 바로 인생의 승자라고 외치는 것 같다. 그들의 인생은 단순명료하고 행복해 보인다. 오늘 하루도 시시콜콜한 일상과 씨름하고 있는 내 인생만 복잡하고 골치 아픈 듯하다. 왜 내 인생만 이렇게 복잡하고 힘들까?

타인의 삶에서 우리가 주로 보게 되는 것은 중심사건들이다. 주변사건들을 볼 수 있는 사람들은 가족이나 아주 가까운 친구 몇 명에 불과하다. 그래서 많은 경우에 우리는 타인의 중심사건들만 보고 상대방이 얼마나 행복할지 추정한다. 그런데 사회적 관계망 서비스는 타인의 삶에서 중심사건만 보는 초점주의 오류를 극대화하는 역할을 한다. 사회적 관계망 서비스에 올라온 사진들은 인생의 중심사건 중에서도 좋은 것들만 고르고 고른 것들이 대부분이기 때문이다. 인생의 특정 부분만을 선택하고 편집해서 올린 것이다. 심지어는 과장하기도 한다. 실제로는 해외여행 사진 속에서 승리의 브이를 하고 있는 사람의 인생에도 주변사건들은 넘쳐난다. 하지만 사소하고 구질구질한 주변사건들은 사진까지 찍어서 남들에게 공개하지 않는다. 덕분에 우리는 타인이 공개한 중심사건에 대한 사진 몇 장만으로 그들의 삶이 내 삶보다 엄청나게 더 행복할 것이라고 착각하고, 상대적 박탈감에 빠지는 것이다.

현실에는 현실의 비가 내린다

길, 아드리아나, 그리고 고갱이 열망하는 시대는 그들의 기억 속에 오직 중심사건만으로 구성되어 있다. 자신들이 흠모하는 예술가들과 그들의 작품이라는 중심사건만 있기 때문에 그 시절이 황금시대로 보이는 것이다. 골치 아픈 주변사건들로 넘쳐나는 현재와는 비교할 수 없을 정도로 아름다운 시절이 과거에 있었다고 착각하게 된다. 우리가 흔히 "옛날이 좋았다"라고 말하게 되는 것도 중심사건만 주로 기억하기 때문이다. 부모님 세대만 해도 꿈과 낭만이 있었는데, 요즘 우리가 살아가는 현실은 하루하루 팍팍하기만 한 듯 보인다. 그렇다면 현재를 아름다운 시절로 살 방법은 없을까?

영화의 마지막 장면, 길은 새로운 사랑을 만난다. 그녀와 함께 길을 걸으려고 하는 순간, 비가 내리기 시작한다. 우산도 없는데. 사랑이라는 중심사건이 시작되려는 순간에 비라는 번거로운 주변사건이 일어난 것이다. 사랑의 시작을 망칠지도 모르는 비. 하지만 비가 내리는 것을 걱정하는 길에게 그녀가 말한다. 젖어도 상관없다고, 파리는 비가 내릴 때 가장 아름답다고.

현실에는 현실의 비가 내린다. 그래서 현실은 늘 완벽하게 만족스러울 수 없는지도 모른다. 하지만 현실의 비를 받아들일 수 있다면, 더 나아가 즐길 수 있다면, 가끔은 비 덕분에 우리는 인생의 더 아름다운 장면을 목격하게 될지도 모른다.

2.
스미스 요원의 주먹세례를
견뎌내게 하는 힘

트리니티 효과 : 매트릭스(The Matrix)

미래를 예언하는 사람

네오(키아누 리브스 분)는 예언자 오라클(글로리아 포스터 분)을 찾아간다. 자신이 인류를 구원할 유일자인 바로 그 사람, '더 원(The One)'이 맞는지 묻기 위해서다. 긴장한 표정으로 방문을 열고 들어간 네오 앞에는 마음씨 좋게 생긴 아주머니가 쿠키를 굽고 있다. 그녀가 바로 모든 미래를 예측할 수 있다는 오라클.

대개의 예언자가 그렇듯이 오라클도 무슨 뜻인지 알 것 같기도 하고 모를 것 같기도 한 애매한 말만 한다. 네오가 진짜로 듣고 싶은 것은 자신이 '더 원'이 맞는지 아닌지에 대한 속 시원한 대답이다. 그런데 그녀는 답을 주지는 않고 오히려 네오에게 되묻는다. "너는 어때? 네가 '더 원'이라고 생각해?"

네오는 솔직히 자기도 잘 모르겠다고 답한다. 이때 오라클이 자기 집 방문 위에 걸린 현판을 손으로 가리킨다. 고개를 들어 현판을 바라보는 네오. 거기에는 라틴어로 쓰인 글귀가 하나 있다. "Temet Nosce(너 자신을 알라)."

'너 자신을 알라'의 진짜 의미

주제 파악 못 하고 자신을 과대평가하는 사람들에게 해주는 바로 그 말이다. 오라클을 방문하기 전까지만 해도 자신이 인류를 구원할 유일자라는 모피어스(로렌스 피시번 분)의 말에 거의 설득당한 네오였다. 오라클이 그 믿음에 방점을 찍어줄 거라는 기대를 갖고 찾아갔던 것인데, 너 자신을 알라니.

오라클은 네오가 '더 원'인지 다시 한번 확인해 봐야겠다는 듯이 그의 눈, 입, 그리고 손바닥을 자세히 관찰한다. 마치 소의 건강 상태를 확인하려고 눈과 치아 상태를 검사하는 것처럼. 그러던 오라클이 네오에게 말한다. "너는 내가 무슨 말을 할지 이미 알고 있어." 자기 눈을 쳐다보면서 대답을 기다리고 있는 오라클에게 네오는 말한다. "저는 '더 원'이 아니군요."

워쇼스키 자매(당시에는 형제였다) 감독이 연출한 〈매트릭스〉는 믿음에 관한 영화다. 그 중심에는 네오가 인류를 구원할 '더 원'이라는 믿음이 있다. 그런데 이 믿음을 가장 먼저 놓아버린 사람은 바로 네오 자신이었다. 자신이 '더 원'이 아니라고 말하는 네오에게 오라클은 "쏘리(sorry)"라고 말한다.

오라클은 왜 네오에게 "쏘리"라고 말한 것일까. 네오는 '더 원'이라는 소리를 듣고 싶어 찾아온 자신에게 '더 원'이 아니라는 사실을 알려줘야 하니 오라클이 "미안하다"고 말한 것이라고 생각한다.

하지만 오라클의 '쏘리'는 '안타깝다'라는 의미에 더 가깝다. 오라클은 네오가 '더 원'임을 알고 있었다. 그래서 네오에게 "너 자신을 알라"고 했던 것이다. 네가 바로 인류를 구원할 유일한 존재라는 사실을 깨달으라고 이야기해 주고 싶었던 것이다. 그럼에도 자신이 '더 원'이 아니라고 말하는 네오가 안타까웠던 것이다. 그래서 "쏘리"라고 했던 것이다.

오라클은 '더 원'이 된다는 것은 사랑에 빠지는 것과 같다고 이야기한다. 아무도 말해줄 수 없고 자신이 스스로 온몸을 통해서 알게 된다는 것이다. 스스로가 믿지 못하면 누가 뭐라고 이야기한들 소용없다. 그래서 오라클은 네오가 안타깝고 안쓰러웠다.

네오에게는 자기에 대한 확신이 없었다. 자신이 어떤 잠재력을 가지고 있는지 스스로 믿지 못한 것이다. 그도 그럴 것이 네오의 삶은 지금까지 특별함과는 거리가 멀었다. 낮에는 평범한 회사원이었고, 밤에는 컴퓨터 해킹이나 하던 그런 인생이었다. 그런 자신이 인류를 구원할 운명을 가지고 태어난 사람이라니 스스로도 믿기 어려웠을 것이다.

하지만 네오 곁에는 네오가 인류를 구원할 존재라고 굳게 믿었던 사람들이 있었다. 그중에서도 네오가 '더 원'이라는 믿음을 끝까지 버리지 않는 사람은 바로 트리니티(캐리 앤 모스 분)다.

트리니티 효과

스미스 요원(휴고 위빙 분)에게 붙잡힌 모피어스를 구하기 위해 매트릭스로 들어간 네오. 그는 지금까지 그 누구도 보여주지 못한 능력으로 모피어스를 구해낸다. 네오가 '더 원'이라는 확신을 갖게 만들기에 충분했다. 스미스 요원마저 제압하고 매트릭스로부터 탈출할 수 있는 전화기가 설치된 303호 방문을 열어젖힌 네오. 그런데 놀랍게도, 그곳에는 따돌렸다고 생각했던 스미스 요원이 총을 겨누고 네오를 기다리고 있었다. 총을 맞은 네오는 자신의 몸에서 피가 흐르는 것을 본다. 자신도 결국 한 명의 인간에 불과하다고 생각하는 순간, 그는 죽음에 이른다. 모피어스를 포함해서 그동안 네오가 '더 원'이라고 굳게 믿고 있던 사람들에게 그들의 믿음을 깨부수는 일이 눈앞에서 벌어진다.

모두가 네오의 죽음을 사실로 받아들였을 때 트리니티는

숨이 끊어진 네오에게 다가가 말한다. 자신이 사랑에 빠지는 남자가 바로 '더 원'이 될 것이라고 오라클이 예언했다고. 그러니 당신은 죽을 수 없다고. "왜냐하면 내가 당신을 사랑하니까." 그러곤 네오의 입술에 키스한다. 그 순간 기적이 일어난다. 네오의 심장이 다시 뛰기 시작한 것이다. 드디어 네오는 전지전능한 능력을 가진 존재로 부활한다. 트리니티의 믿음이 결국 네오를 진짜 '더 원'으로 만든 것이다.

스미스 요원의 주먹세례를 견뎌내게 하는 힘

온통 우리를 좌절시키는 것들로 가득한 세상이다. 우리는 모두 자신만의 스미스 요원과 매일매일 힘겹게 싸우면서 살고 있는지도 모른다. 이런 세상에서 나를 지키기 위해서는 우선 자신의 잠재력에 대해 스스로 믿음을 가져야 한다. "너 자신을 알라"의 의미를 기억해 두자. 하지만 이것만으로 스미스 요원의 주먹세례를 견뎌내기는 쉽지 않다. 그래서 우리에게는 사랑이 필요한지도 모른다. 나보다 더 나를 믿어주는 사람의 사랑.

3.

반드시 내게로
돌아온다는 믿음

대상영속성 : 늑대소년(A Werewolf Boy)

"기다려!"

감자를 올려놓은 손바닥을 내밀며 순이(박보영 분)가 철수(송중기 분)에게 말한다. 눈앞에 음식이 보이기만 하면 통제 불가능한 식욕을 드러내는 늑대소년 철수를 길들이기 위한 순이의 노력은 그렇게 시작된다. 하지만 늑대로서의 본능적 욕구를 참아낼 수 없는 철수는 감자를 쥔 순이의 손에 자신의 이빨 자국을 선명하게 남기고 만다.

기다릴 줄 모르는 존재

조성희 감독이 연출한 〈늑대소년〉에는 짐승이면서 동시에 인간인 존재, 늑대소년이 등장한다. 늑대소년을 인간과 구별

짓는 가장 주요한 특징은 욕구조절 능력이다. 늑대소년에게는 자신의 본능적 욕구를 통제할 힘이 없다. 먹고 싶은 음식이 눈앞에 보이면 사랑하는 사람의 손에 상처가 나더라도 바로 물어야 한다.

자신이 원하는 것을 얻기 위해서 현재의 본능적 욕구를 억누르고 기다릴 줄 아는 능력, 즉 만족지연 능력은 인간이 가지고 있는 특별한 능력이다. 따라서 감자를 먹기 위해 자신이 사랑하는 순이의 손을 물어버린 늑대소년은 인간이기보다는 늑대에 더 가까운 존재라 할 수 있다.

시간이 지나며 순이의 길들이기에 늑대소년은 반응하기 시작한다. "기다려"라는 순이의 신호가 떨어지면 자신의 본능적 욕구 분출을 멈춰야 한다는 것을 학습하게 된다. 늑대로 변해서 사람을 죽이려던 순간에도 순이의 "기다려"는 늑대를 소년으로 돌려놓는다. 늑대소년은 본능적 욕구에 지배당하는 '늑대'에서 욕구를 통제할 수 있는 '인간'으로 변해가고 있었다.

늑대인 나를 인간으로 만들어 준 사람

이렇게 참고 기다리는 것을 배우고 가르치면서 소녀와 늑대소년의 사랑은 점점 자라난다. 순이는 철수에게 양치질부터 말과 글까지 인간이 되기 위해 필요한 것들을 가르쳐준다. 철수에게는 순이의 따뜻한 손이 가장 큰 보상이 된다. 머리를 쓰다듬어 주는 순이의 손길을 받기 위해서 철수는 기다림을 참아낸다.

철수에게 본능을 다스리는 법을 가르치는 순이는 어머니 같은 존재다. 사랑에 대한 아름다운 동화인 〈늑대소년〉의 사랑은 어머니와 아이의 사랑과 닮아 있다. 47년의 세월이 흐른 다음에 순이는 할머니가 되어 다시 철수에게 돌아온다. 할머니가 된 순이가 여전히 소년의 모습을 하고 있는 늑대소년을 만났을 때 둘의 모습이 전혀 어색하지 않은 이유도 이들의 사랑이 어머니와 아이의 사랑을 닮았기 때문이다.

가지 마 vs. 기다려

아이가 어머니를 사랑하게 되는 순간 고통스럽게 배워야 하는 것도 생긴다. 어머니를 기다리는 일이다. 생후 약 6개월이 지나면 아동들은 자신의 어머니와 다른 사람들의 얼굴을 구별하기 시작한다. 이때부터 어머니에 대한 사랑과 집착이 시작된다. 어머니의 품에서 잠깐이라도 떨어지지 않으려고 울고 발버둥 친다. 어머니에 대한 사랑이 크면 클수록 어머니와 떨어지는 고통의 크기는 커진다.

사람이 인생에서 경험하게 되는 최초이자 가장 큰 심리적 통증은 바로 어머니를 기다리는 동안에 발생한다. 어머니와 떨어질 때 아동이 보이는 극심한 불안이나 공포반응을 격리불안이라고 하는데, 이는 아동이 어머니에게 보내는 '가지 마'라는 메시지이다.

하지만 어머니가 항상 아이 곁에 함께 있을 수는 없다. 아이는 어머니와 떨어지는 일을 겪을 수밖에 없고, 어머니가 다시 돌아올 때까지 기다리는 것을 배워야 살 수 있다. 아이는 "가지 마"라고 이야기하고, 어머니는 "기다려"라고 말해야 하는 상황에 처하게 되는 것이다.

반드시 내게로 돌아온다는 믿음

아동이 격리불안을 보이는 이유 중의 하나가 이 시기의 아동들은 기다리면 어머니가 돌아온다는 사실을 이해하지 못하기 때문이다. 아동 인지발달 연구의 아버지라고 불리는 스위스의 발달심리학자 장 피아제Jean Piaget에 따르면, 태어나서 약 두 살까지의 아동들은 어떤 대상이 자신의 시야에서 사라지면 이 세상에서도 사라졌다고 생각한다. 따라서 이 시기의 아동들이 어머니와 떨어지면 극심한 공포를 느끼는 것은 어쩌면 자연스러운 일인지도 모른다.

어떤 대상이 자신의 시야에서 사라져도 세상에서 완전히 사라진 것이 아니고 어딘가에 존재할 것이라는 대상영속성(object permanence) 개념을 획득하게 되는 것은 약 두 살이 될 무렵이다. 이때가 되면 아동은 어머니가 자기 눈앞에 없어도 세상 어딘가에 살아 있을 것이고, 그래서 언젠가는 다시 만날 수 있다는 걸 알게 된다. 기다림이 가능해지는 것이다.

하지만 대상영속성 개념을 획득했다고 해서 모든 아동이 어머니를 편안한 마음으로 기다리는 것은 아니다. 미국 버지니아 대학교의 발달심리학자인 메리 에인스워스Mary Ainsworth에 따르면, 자신이 어머니를 필요로 할 때가 되면 어머니가 반드시 돌아와서 자신을 지켜줄 것이라는 믿음이 형성된 아동들만 불안해하지 않고 어머니를 기다릴 수 있다고 한다.

기다리기 위해서는 돌아온다는 믿음이 있어야 하는 것이다. 이런 믿음을 가진 아동들은 불안 수준이 낮고 어머니와 안정적인 관계를 유지한다. 이들이 성인이 되면 집착하지 않고 상대를 배려하는 건강한 사랑을 하게 될 가능성이 높다고 한다. 사람들은 아기 때 배운 방식대로 사랑을 하게 되는 것이다.

사람과 사랑을 만드는 주문, 기다려

인간이 된다는 것은 기다릴 수 있게 된다는 것이고, 사랑은 기다릴 수 있는 사람만이 감당할 수 있다. 순이가 늑대소년 철수에게 수없이 했던 말, "기다려"는 사람과 사랑을 만드는 주문인 것이다.

사랑이란 언젠가는 돌아올 사람을 기다리는 것인지도 모른다. 그리고 사랑은 다시 돌아온다는 약속을 하지 않은 사람도 기다리게 만든다.

4.
외로우면 그렸지,
보고 싶을 때마다

"외, 외, 외로우면 그렸지. 보고 싶을 때마다."

외로우면 영희(정은혜 분)는 쌍둥이 동생 영옥(한지민 분)이 보고 싶어진다. 그래서 그림을 그렸다. 영옥이 보고 싶어지면. 제주도의 눈부신 풍광만큼이나 아름다운 사람들이 등장하는 노희경 작가의 〈우리들의 블루스〉. 이 드라마에는 세 가지가 있다. 아픔, 따뜻함, 그리고 놀라움.

아프고 쓰라린 블루스

인생은 절대로 우아하지 않다. 삶은 힘겹고 쓰라리다. 형태는 다르지만 모든 사람은 자신만의 상처가 있다. 조용했던 인생에 들이닥친 예상하지 못했던 사건은 나와 주변을 아수라장으로 만든다. 서울대에 진학해서 심심한 제주를 떠나고 말 거라던 전교 1등 영주(노윤서 분)에게 들이닥친 임신이라는 사건. 매일 땀을 뻘뻘 흘리면서 리어카로 얼음을 날라도 홀로 키운 영주에 대한 자랑으로 그 누구도 부럽지 않았던 호식(최영준 분). 자식이 서울대에 입학하면 낚시나 하며 살겠다던 호식의 꿈은 산산조각이 나고 만다.

어떤 상처는 몇십 년이 지나도 아물지 않는다. 아물었다 싶으면 다시 터지고 만다. 그래서 우리는 아픔과 함께 살아간다. 죽은 아버지 친구의 둘째 부인으로 들어간 어머니 옥동(김혜자 분) 때문에 생긴 동석(이병헌 분)의 상처는 영원히 아물지 않을 것처럼 곪고 터지기를 반복한다. 그리고 동석의 상처는 분노가 돼서 옥동을 향한다. 〈우리들의 블루스〉는 아프고 쓰라리다.

따뜻함의 블루스

우리의 마음에 상처를 줄 수 있는 건 우리 가까이에 있는 사람들이다. 나와 멀리 떨어져 있는 사람은 상처를 주기 어렵다. 결국, 인생에서 우리에게 가장 많은 상처를 주는 사람들은 가족이고, 친구이고, 사랑하는 사람이다.

우리는 사랑하는 사람들에게 희망을 걸고 기대를 한다. 하지만 그 희망과 기대가 거부되거나 좌절되었을 때, 우리가 받게 되는 마음의 상처는 가깝지 않은 사람에게 거부되었을 때

와는 비교할 수 없을 정도로 크다.

호식의 마음에 깊은 상처를 낼 수 있는 것은 오직 영주뿐이다. 내가 가장 사랑하는 사람이기 때문에 나에게 가장 큰 상처를 줄 수 있는 것이다. 동석이 옥동에게 상처받은 이유는 옥동이 자신이 가장 사랑하는 어머니이기 때문이다. 사랑하기 때문에, 좋아하기 때문에 그 사람이 내 마음에 상처를 낼 수 있는 것이다.

우리에게 상처를 주는 것은 우리 가까이에 있는 사람들이지만, 우리의 상처를 감싸주는 사람도 우리 가까이에 있는 사람들이다. 인생에서 우리를 위로해 주는 사람은 결국, 가족이고, 친구이고, 사랑하는 사람이다.

호식의 상처는 영주로 인해 아물고, 동석의 상처는 결국 옥동으로 인해 위로받는다. 〈우리들의 블루스〉의 제주가 아름다운 것은 그곳에 우리의 상처와 아픔을 따뜻하게 감싸주는 사람들이 있기 때문이다. 〈우리들의 블루스〉는 따뜻하다.

놀라움의 블루스

영옥의 쌍둥이 언니가 나올 거라는 이야기를 들었을 때, 내 궁금증은 폭발 직전까지 갔다. 누가 한지민의 쌍둥이로 나올까? 한지민이 1인 2역을 하는 건 아닐까? 솔직히 고백하자면, 나는 기대했다. 영희는 또 얼마나 예쁠까?

하지만 당황했다. 정준(김우빈 분)이 영희를 처음 만났을 때 그랬던 것처럼. 영희는 다운증후군이었다. 그것도 전문 배우가 연기한 게 아니고, 실제 다운증후군인 사람이 등장했다. 첫 번째 놀라움.

영희가 그린 그림들. 개성과 매력이 있는, 프로의 솜씨가 보이는 그림들이었다. 당연히 드라마를 위해 그림을 대신 그려준 사람이 있을 거로 생각했다. 심지어는 너무 잘 그려서 다운증후군인 사람이 그린 것처럼 느껴지지 않았기에, 그림들이 오히려 드라마에 대한 몰입을 방해한다고 생각했다. 아무리 드라마지만 너무 심한 거 아닌가.

하지만 드라마를 다 보고 나서야 알게 됐다. 모두 영희 역을 맡은 정은혜 작가가 직접 그린 그림이라는 사실을. 두 번째 놀라움.

골치 아파, 그놈의 인기가

서동일 감독의 다큐멘터리 〈니얼굴〉은 감독이 자신의 딸인 정은혜 작가의 일상을 담아낸 작품이다. 현실에서 다운증후군인 사람이 얼마나 행복하게 성장할 수 있는지, 이 사람 덕분에 주위에 있는 사람들은 또 얼마나 자주 기쁨을 경험할 수 있는지, 그리고 다큐멘터리를 보면서 우리는 얼마나 자주 흐뭇한 미소를 짓게 되는지를 보여주는 작품이다.

〈우리들의 블루스〉 속 영희의 인생이 조금 어두워 보였다면, 〈니얼굴〉의 정은혜는 밝음이 가득하다. 골치가 아플 정도의 인기를 경험하게 해주는 따뜻한 공동체에서 정은혜는 자신의 잠재력을 드러내며 작가로 성장하고 있었다.

다운증후군, 그리고 더 넓게는 장애인에 대해 가지고 있던 나의 고정관념과 편견은 얼마나 형편없었던 것인지.

5.
네가 좋으면
나도 좋아야 하나

(**사회학습의 경로** : 우리들의 블루스(Our Blues)와 니얼굴(Please Make Me Look Pretty) 2)

네가 좋으면 나도 좋아야 하냐

시장에서 커피를 파는 별이(이소별 분)는 농인이다. 농인은 청각장애 때문에 언어장애가 발생한 사람들을 말한다. 청각 기능에 문제가 발생하면 듣지 못하게 되고, 그래서 말하는 것에도 문제가 생긴다. 특히 매우 어린 나이에 청각 기능을 상실하게 되면, 언어를 구사하는 데 필요한 신체 기관에는 아무 문제가 없어도 다른 사람의 말을 들을 수 없기 때문에 말하는 법을 배우기 어렵다. 그 결과, 언어 구사에 치명적인 장애가 발생하게 된다.

별이는 수어를 하다가도 가끔 소리 내서 말하기도 한다. 별이가 가장 큰 소리로 말한 것은 바로 기준(백승도 분)이 별이에게 고백했을 때다. "사귀자고, 네가 좋다고." 별이가 바로 쏘아붙인다. "네가 좋으면 나도 좋아야 돼? 왜? 나는 장애인이니까 그래야 돼? 분명히 말하지만 난 너 별로야!"

너무 통쾌하고 멋있는 대사라고 생각했다. 하지만 솔직히 이소별 배우의 연기는 실망스러웠다. 말을 더 어눌하게 해야지 농인을 연기하는 배우가 저렇게 말을 잘하면 어떻게 하나. 초보 연기자가 분명해, 라고 생각했다. 하지만 이 사실도 늦게 알게 됐다. 그녀는 진짜 농인이었다. 세 번째 놀라움. 농인은 말을 제대로 하지 못할 거라는, 내가 가지고 있는 매우 단순하고 잘못된 고정관념을 확인했다.

우울의 바다에 빠진 사람

선아(신민아 분)는 우울증 환자다. 선착장 난간의 끝에 서서 바다를 바라보고 있는 선아는 우리의 눈에는 멀쩡한 사람이다. 하지만 선아는 자신의 몸에서 물이 뚝뚝 떨어지고 있는 것을 느낀다. 환하게 밝은 아침이지만 선아에게 세상은 온통 검은색이다. 검은색 세상에서 선아가 볼 수 있는 빛은 없다.

사람들은 다른 사람의 경험, 특히 타인의 감정적 경험을 자신의 경험을 토대로 추정한다. 우울의 경우도 그렇다. 우울장애를 가지고 있지 않은 사람들도 대부분 우울한 감정을 경험하면서 살아간다. 그래서 자신이 경험한 우울을 토대로 우울장애를 가지고 있는 사람들이 경험하는 증상을 추정한다. 그 결과, 자신이 경험해 본 강한 우울감 정도가 일반적인 우울장애의 증상일 것이라 생각하게 된다.

하지만 우리가 일상에서 경험하는 우울과 우울장애를 가지고 있는 사람의 우울 증상은 차원이 다르다. 사실 심리학을 공부한다고 해도, 우울장애에 대해 책을 통해 배우는 수밖에 없다. 우울을 질병으로 가지고 있는 사람이 경험하는 우울을 직접 체험해 볼 수는 없는 일이다. 그 결과, 우울장애를 겪는 사람들이 실제로 경험하는 고통을 과소평가하기 쉽다. 고통을 과소평가하면, 우울장애를 겪고 있는 사람에 대한 대응의 민감성이 떨어진다. 그래서 그 사람을 지킬 수 있는 기회를 놓치기도 한다.

〈우리들의 블루스〉는 우울장애라는 질병을 앓고 있는 사람이 실제로 경험하는 고통을 볼 수 있는 기회를 제공한다. 덕분에 우리는 우울의 바다에 빠진 사람의 통증에 조금 더 공감할 수 있게 되고, 어쩌면 우울의 바다에서 허우적거리고 있는 사람을 향해 늦지 않게 달려갈 수 있게 될지도 모른다.

사회학습의 경로

인간의 가장 놀라운 능력 중의 하나는 보는 것만으로도 새로운 지식을 획득할 수 있는 것이다. 미국 스탠퍼드 대학교의 사회 및 발달심리학자인 앨버트 반두라Albert Bandura는 이를 사회학습 또는 관찰학습이라고 명명했다. 인간은 자신이 직접 체험하지 않아도 사회적인 상황에서 관찰이라는 간접적인 경로를 통해 학습하고, 이를 토대로 변화할 수 있다는 것이다.

현대사회에서 가장 대표적인 간접 체험 경로는 바로 영화와 드라마다. 따라서 영화와 드라마는 즐거움의 대상이기도 하지만 우리가 가장 자주, 그리고 가장 편한 방식으로 새로운 지식을 획득하는 사회학습의 수단이기도 하다. 중요한 것은 이 수단을 통해 무엇을 학습하느냐이다. 그 내용이 독이면 우리와 우리 사회를 망가뜨릴 수도 있고, 그 내용이 약이면 우리와 우리 사회를 치유할 수도 있다.

〈우리들의 블루스〉와 〈니얼굴〉은 사회학습의 주요 경로인 드라마와 영화를 통해 우리와 우리 사회가 가지고 있던 장애에 대한 잘못된 고정관념을 치유할 수 있게 해줬다. 덕분에 우리는 장애에 대한 제대로 된 지식을 학습할 수 있었다. 그리고 어떻게 장애와 함께 살아가야 하는지를 배울 수 있었다(영희가 레스토랑에서 식사하면서 벌어지는 에피소드를 꼭 볼 것). 심리학을 공부하는 사람으로서, 심리학이 해야 했지만 하지 못했던 일을 완벽하게 해준 〈우리들의 블루스〉와 〈니얼굴〉에 감사한다.

6.
세상에서 가장
예쁜 여인과 키스하기

> **체험의 심리학** : 버킷리스트(The Bucket List)

이름을 기억하지 못하는 사람

에드워드(잭 니컬슨 분)는 억만장자다. 그의 관심사는 돈이다. 그는 병원을 소유하고 있지만 사람들의 병을 치료하기 위해 병원을 운영하는 게 아니다. 그에게 병원은 수익을 내는 도구고, 환자들은 돈이다.

사람은 그의 관심사가 아니다. 그래서 에드워드는 사람 이름을 기억하지 못한다. 아니 기억하려고 하지 않는다. 그는 주변 사람들의 이름을 자기 마음대로 부른다. 오랫동안 에드워드의 곁을 충실하게 지키면서 그의 손과 발이 되어준 비서의 이름도 매번 자기 기분 내키는 대로 부른다. 방금 전에 '토미'라고 불러놓고, 1분도 지나지 않아서 '토머스'라고 부른다. 옆에서 이 모습을 지켜보고 있던 카터(모건 프리먼 분)가 어리둥절해서 묻는다. 도대체 토미하고 토머스 중에 당신의 진짜 이름은 뭐냐고. 그러자 비서가 말한다. "제 이름은 매슈입니다."

버킷리스트의 자격

로브 라이너 감독이 연출한 〈버킷리스트〉는 암에 걸려서 시한부 판정을 받은 두 남자의 이야기다. 에드워드 콜과 카터 챔버스. 60대 후반의 그들에게 남은 시간은 6개월, 운이 좋으면 1년 정도다. 같은 병실에서 만난 두 사람은 버킷리스트를 작성한다. '양동이를 차기 전에(before we kick the bucket)'라는 표현에서 나왔다는 버킷리스트는 목에 줄을 매고 양동이 위에 올라선 사람이 양동이를 걷어차기 전에, 그러니까 죽기 전에 꼭하고 싶은 일들의 목록이다. 둘은 죽기 전에 하고 싶었던 것들과 해야 한다고 생각한 것들의 목록을 만들고 이를 하나씩 실행에 옮긴다.

이들의 버킷리스트에는 진짜로 장엄한 광경 보기(히말라야에 가기), 아무 대가도 바라지 않고 모르는 사람 도와주기, 눈물이 날 때까지 웃어보기, 셸비가 튜닝한 한정판 고성능 자동차 셸비 머스탱 운전해 보기, 세상에서 가장 예쁜 여인과 키스하기, 문신하기, 스카이다이빙하기, 영국의 스톤헨지에 가보기, 프랑스 루브르 박물관에서 일주일 보내기, 이탈리아 로마 여행하기, 이집트의 피라미드 보러 가기, 아프리카 세렝게티에서 큰 고양이(사자) 사냥하기, 연락이 끊겼던 사람과 다시 연락하기 등이 올라갔다. 어떤 것은 나중에 추가되기도 하고(연락이 끊겼던 사람과 다시 연락하기), 어떤 것은 수정되기도 하고(사자 사냥하지 않고 세렝게티 가보기), 또 어떤 것은 혼자만 하기도 했지만(문신하기), 에드워드와 카터는 자신들에게 남은 마지막 시간에 버킷리스트의 항목들을 하나씩 지워나간다.

체험하기의 심리학

에드워드와 카터의 버킷리스트에는 물건을 사고 싶다거나, 소유하고 싶다는 항목은 하나도 없다. 굳이 물건과 관련된 것을 찾자면, 머스탱 운전해 보기 정도다. 이것도 머스탱을 갖고 싶다는 것이 아니라 그냥 운전하고 싶다는 것이다. 이들의 버킷리스트에 올라온 것들은 모두 '체험'과 관련된 것들이다. 이는 어쩌면 너무 당연해 보인다. 만약 곧 죽음에 직면하게 된다면, 아무리 좋은 아파트와 자동차, 보석을 사서 쟁여놓은들 무슨 의미가 있을까. 그들의 버킷리스트에 오를 자격이 있었던 것들은 물건이 아니라 체험이었다. 직접 경험하고 몸과 마음으로 느껴보고 싶었던 것들이다.

행복에 관한 최근의 연구들은 물질보다는 체험이 우리에게 더 큰 기쁨을 준다는 사실을 알려준다. 같은 액수의 돈을 사용

하더라도, 물건을 소유하기 위한 소비보다는 체험을 위한 소비가 더 큰 기쁨을 안겨준다는 것이다. 미국 콜로라도 대학교, 볼더의 사회심리학자인 리프 반 보벤Leaf Van Boven 등의 연구에서는 참여자들에게 자신이 했던 물질적 소비와 체험적 소비를 회상하게 했다. 사람들은 체험을 위해 돈을 쓴 것이 물건을 사기 위해 돈을 썼을 때보다 더 큰 기쁨을 주었고, 만족감도 더 오랫동안 지속되었다고 대답했다. 체험을 위해 쓴 돈은 나중에 '그때 돈 참 잘 썼지'라는 생각을 하게 만드는 것으로 나타났다.

체험이 우리에게 더 크고 오래 지속되는 기쁨을 주는 이유 중 하나는 사람이 기억의 동물이기 때문이다. 사람들은 소유하기 위해서 산 물건들에 매우 빠르게 적응하고, 시간이 조금만 지나면 식상해하는 경향이 있다. 그 결과, 물질을 소유하여 얻는 기쁨의 크기는 시간이 지날수록 작아진다. 하지만 체험의 기억은 우리의 마음속에 살아남아 계속 그 당시의 기쁨을 회상하게 한다. 사람은 추억의 동물이다. 아무리 오랜 시간이 지나도 체험을 통해서 얻게 된 기쁨의 추억은 순간순간 다시 살아나 우리를 그 당시 만났던 기쁨의 현장으로 시간여행을 시켜준다. 체험의 기쁨은 우리의 기억이 살아 있는 한, 평생 지속되는 것이다. 그리고 이런 체험의 추억이 많으면 많을수록 우리 마음속 행복의 창고에는 기쁨이 차곡차곡 쌓이게 된다.

에드워드와 카터의 첫 번째 버킷리스트는 '장엄한 광경 보기'였다. 미국 캘리포니아 대학교, 어바인의 사회심리학자인 폴 피프Paul Piff 등이 수행한 연구에 따르면, 다양한 종류의 체험 중에서도 경외감을 느낄 수 있는 체험이 사람들의 행복을 증진하는 데 효과적이라고 한다. 영화에서처럼 직접 히말라야와 피라미드를 보러 가서 경외감을 느껴도 되지만, 누군가의 감동적인 삶의 이야기에서부터 내 눈 앞에 펼쳐진 자연의 아름다움에 이르기까지 우리가 현실에서 경외감을 느낄 수 있는 것들은 생각보다 많다. 심지어는 경외감을 느끼게 만드는 장면이나 이야기가 있는 영화를 보는 것만으로도 우리의 기쁨은 커진다.

세상에서 가장 예쁜 여인과 키스하기

사람에 관심이 없는 에드워드지만, 그에게도 보고 싶은 사람이 하나 있다. 딸 에밀리다. 하지만 연락이 끊긴 지 오래다. 사위가 딸을 때렸다는 이야기를 들은 에드워드는 사위를 죽이지는 않았지만, 다시는 딸 앞에 나타나지 못하도록 만든다. 하지만 여전히 남편을 사랑하고 있었던 에밀리가 이 사실을 알고 에드워드와의 연을 끊는다.

이 이야기를 들은 카터는 에드워드의 격렬한 반대에도 불구하고 둘의 버킷리스트에 마지막으로 하나를 추가한다. '연락

이 끊겼던 사람과 다시 연락하기.'

    카터의 장례식을 마치고 에밀리를 찾아간 에드워드. 그곳에는 이 세상에 있을 거라고는 상상해 본 적도 없는 소녀가 따뜻한 눈으로 그를 바라보며 기다리고 있었다. 에드워드의 손녀다. 그는 드디어 버킷리스트에서 '연락이 끊겼던 사람과 다시 연락하기'와 함께 '세상에서 가장 예쁜 여인과 키스하기'를 지울 수 있게 된 것이다. 에드워드에게는 손녀와의 만남이 바로 경외심을 체험하는 순간이었다. 우리에게 가장 큰 기쁨을 주는 체험은 사실 여행도 콘서트도 아니다. 바로 사랑하는 사람들과 함께 웃고 떠들고 살아가며 그들이 성장하는 모습을 목격하는 일이다.

7.
나는 왜 나쁜 남자만
만날까?

헌신행동 : 내 아내의 모든 것(All About My Wife)

한국형 카사노바의 등장

민규동 감독이 연출한 〈내 아내의 모든 것〉에는 전설의 카사노바가 등장한다. 자신은 절대 사랑에 빠지지 않지만, 마음만 먹으면 어떤 여자라도 사랑의 노예로 만들 수 있다는 그는 이름마저 '장성기(류승룡 분)'이다. 그는 잠시 여성들에게서 벗어나 강릉의 바닷가에서 조용히 휴식을 취하려고 하지만 장성기의 여인들은 그를 포기하지 못한다. 장성기를 잊지 못한 세계 각국의 여성들이 강릉에 있는 그의 집으로 몰려든다. 사랑하지도 않고, 사랑한 적도 없다면서 장성기가 아무리 매몰차게 뿌리쳐도 이 여인들의 마음을 돌릴 수는 없다. 장성기 때문에 가정을 버렸다는 이 여인들은 '장성기는 내 것'이라며 서로

싸울 정도다. 이 정도면 국산이지만 국제 경쟁력을 갖춘 한국형 카사노바인 셈이다.

장성기는 여성들을 자신에게 빠져들도록 만들지만, 스스로는 상대에게 매우 냉정한 전형적인 나쁜 남자이다. 나쁜 남자도 아니고 그렇다고 착한 남자도 되지 못하는 수많은 보통 남자의 입장에서 보면 장성기와 같은 남자에게 빠지는 여성들의 행태를 이해하기란 쉽지 않다. 도대체 왜 여성들은 나쁜 남자에게 끌리는 것일까? 그리고 한 번 나쁜 남자에게 빠진 여성들은 그의 냉정한 행동에 상처받으면서도 왜 나쁜 남자를 쉽게 포기하지 못하는 것일까?

짝 선택의 진화심리학

진화심리학에 따르면, 여성들이 짝을 고를 때 가장 중요하게 생각하는 것은 남성의 자원 제공 능력이라고 한다. 임신과 자녀 양육으로 자원 획득에 제한을 받는 여성은 진화의 과정에서 충분한 자원을 가진 남성을 선택함으로써 자신의 유전자를 지닌 자식들의 생존 가능성을 높일 수 있었다. 자원 제공 능력을 가장 쉽게 판단할 수 있는 단서는 남성의 경제력이다. 학력, 사회적 지위 등도 남성이 가진 자원 제공 능력의 단서로 이용된다. 따라서 여성들이 남성들보다 짝을 선택할 때 상대방의 경제력, 학력, 사회적 지위에 더 큰 가중치를 둔다는 것이다.

짝 선택에서 여성이 직면하게 되는 또 다른 고민은 남성이 자원을 충분히 소유하고 있더라도 그 자원을 자신과 자식에게 기꺼이 제공할 의향이 있는지를 판단하기가 쉽지 않다는 점이다. 남자가 가지고 있는 자원은 눈으로 직접 확인할 수 있지만, 그의 마음은 보이지 않기 때문이다. 따라서 여성에게는 남성의 마음을 정확하게 파악하기 위한 단서가 필요하다.

진화심리학의 아버지라 불리는 미국 텍사스 대학교 심리학과의 데이비드 버스David Buss에 따르면, 사랑에 빠졌을 때 하게 되는 가장 전형적인 행동이 상대에 대한 헌신이다. 따라서 진화의 과정에서 여성은 남성의 진심을 확인하기 위해서 헌신성을 단서로 사용하게 되었다고 한다. 여성은 자신의 남자가 다른 여자에게는 관심을 두지 않지만, 자신이 어려움에 처하면 발 벗고 도와주고, 기꺼이 비싼 선물을 사주고, 힘든 일을 이야기하면 귀 기울여주는 모습을 통해서 이 남자가 자신에게 장기적으로 헌신할 마음이 있다는 것을 확인한다는 것이다. 그리고 이러한 행동이 사랑에서 비롯되었다고 판단한다. 따라서 자원 제공 능력이 있는 남성이 자신에게 헌신행동을 지속할 때, 여성은 드디어 운명의 짝을 만났다고 생각하게 될 가능성이 높아진다.

나쁜 남자들의 헌신행동

나쁜 남자들이 여성에게 가장 잘하는 것이 바로 이 헌신행동이다. 나쁜 남자는 처음부터 나쁜 남자가 아니다. 우리가 나쁜 남자에 대해 가지고 있는 고정관념 중의 하나는 나쁜 남자가 관계의 시작부터 끝까지 나쁜 남자일 거라 생각하는 것이다. 하지만 이는 착각에 불과하다. 실제로 나쁜 남자들은 관계의 시작에서부터 상당한 시간 동안(여성의 마음을 얻을 때까지) 전적으로 상대를 위해서 헌신하는 모습을 보여준다. 현재의 나쁜 남자는 과거에는 '헌신남'이었던 것이다. 처음부터 못되게 구는 남자는 나쁜 남자가 아니고, 그저 '나쁜 놈'에 불과하다. 나쁜 놈에게 매력을 느끼는 여자는 없다.

문제는 나쁜 남자들의 헌신에는 진심이 없다는 것이다. 나쁜 남자들의 헌신은 목표물의 마음을 얻기 위해 치밀하게 준비된 작전의 일부일 뿐이다. 하지만 이것이 여성의 마음을 얻는 데 문제가 되지는 않는다. 나쁜 남자의 진심은 여성의 눈에 보이지 않기 때문이다. 나쁜 남자들은 여성이 볼 수 있는 것은 마음이 아니라 자신의 행동뿐이라는 사실을 잘 알고 있다.

나쁜 남자들은 스스로도 자신들의 헌신행동이 여자의 마음을 얻기 위해서 수행해야만 하는 작전에 불과하다고 생각한다. 따라서 헌신행동을 해야 할지 말아야 할지에 대한 고민이 거의 없다. 목표물이 정해지면 주저하지 않고 바로 작업에 들어간다. 나쁜 남자들이 고민 없이 과감하게 하는 것이 헌신행동인 반면, 착한 남자 또는 보통 남자(이하 착한 남자)들이 심각하게 고민하고 주저하는 것이 바로 헌신행동이다.

나쁜 남자에 중독되는 이유

착한 남자들의 사랑에는 고민의 단계가 포함된다. 이 여성을 짝으로 선택하는 것이 잘하는 것인지, 이 여성을 자신이 행복하게 해줄 수 있는지 등에 대해 고민하는 것이다. 착한 남자들의 헌신행동은 이러한 고민의 단계를 거친 후에야 비로소 시작된다. 하지만 여성들에게 이런 고민의 단계는 호소력이 거의 없다.

반대로 망설임 없이 이루어지는 나쁜 남자의 위장된 헌신행동이 여성에게는 무조건적이고 운명적인 사랑으로 해석된다. 여성들이 나쁜 남자에게 빠지는 이유가 여기에 있다. 여성들을 매혹하는 것은 나쁜 남자의 냉정한 모습이 아니라, 위장된 것임에도 불구하고, '돌직구'처럼 들어오는 그 남자의 헌신행동이다.

나쁜 남자의 계획된 헌신행동을 맛보는 것은 심각한 후유증을 유발한다. 남자의 사랑에 대해 비현실적인 기준을 갖게 되는 것이다. 드라마에서나 나올 법한 남자의 헌신행동을 직접 경험해 보면, 이게 진짜 사랑이고 이런 사랑이 현실에 존재한다고 굳게 믿게 된다.

그 덕분에 착한 남자들의 계획되지 않은 마음을 사랑으로 받아들이기 힘들어진다. 고민의 시간이 필요한 착한 남자들의 마음은 헌신행동의 단계로 넘어가기도 전에 가짜라는 판정을 받게 된다.

나쁜 남자를 통해 직접 체험했던 헌신행동을 자신의 인생에서 유일한 진짜 사랑이라고 굳게 믿는 여성은 결국 나쁜 남자에게로 달려가게 되어 있다. 헤어졌던 과거의 나쁜 남자를 포기하지 못하고 다시 돌아가거나 다른 나쁜 남자를 만나거나의 차이가 있을 뿐이다. 나쁜 남자의 헌신행동에 중독된 것이다.

8.
얼굴을 감출 수 있어 좋은 날

통과 욕구 : 원더(Wonder)

평범하지 않은 얼굴

스티븐 크보스키 감독이 연출한 〈원더〉의 어기(제이콥 트렘블레이 분)는 평범한 열 살짜리 소년이다. 그 나이대의 아이들처럼 아이스크림을 먹고, 자전거를 타고, 게임하는 것을 좋아한다. 하지만 어기의 탄생은 평범하지 않았다. 어기는 어머니 배 속에서 나오자마자 수술실로 직행했다. 그리고 27번의 수술을 받았다. 덕분에 스스로 숨을 쉴 수 있게 되었고, 눈으로 세상을 볼 수 있게 되었고, 보청기를 끼지 않고도 귀로 들을 수 있게 되었다. 평범한 사람들이 너무도 당연하게 경험하는 세상에 수술을 통해서 가까스로 다가갈 수 있었다.

어기는 얼굴도 평범하지 않다. 27번의 수술 중에는 어기의 얼굴을 평범하게 만들기 위한 수차례의 성형수술도 포함된다. 성형수술 덕분에 얼굴도 수술 전보다는 나아졌다. 하지만 그 어떤 성형수술도 어기를 보통 아이처럼 보이도록 만들지는 못했다. 어기의 얼굴에는 아직도 많은 흉터가 있고, 얼굴 전체가 마치 큰 화상을 입은 것처럼 보인다.

어기의 단짝 친구 잭(노아 주프 분)의 착하고 어린 동생도 아이스크림 가게에서 어기의 얼굴을 처음 보고는 바로 울음을 터뜨렸을 정도다. 다른 아이들은 어기가 괴물처럼 생겼다고 생각한다. 심지어 어기가 아주 고약한 전염병에 걸렸을 거라고, 그래서 어기와 악수라도 하면 자기에게 병이 전염될지도 모른다고 무서워한다.

얼굴을 감출 수 있어 좋은 날

아이들에게 크리스마스는 최고의 날이다. 산타클로스 할아버지에게 멋진 선물을 받고, 더구나 어기가 다니는 학교는 2주간의 겨울방학에 들어간다. 단지 사탕 몇 개 받을 수 있는 핼러원하고는 비교할 수 없는 날이다.

하지만 1년 중 어기가 제일 좋아하는 날은 핼러윈이다. 평상시에는 다른 사람들의 눈길을 피하려고 고개를 숙이고 발걸음마저 위축된 어기. 하지만 핼러윈에는 고개를 높이 들고 당당하게 세상을 활보한다. 평상시에 사람들은 어기와 몸이라도 닿으면 마치 전염병이 옮을지도 모른다는 듯 어기와의 신체적 접촉을 피한다. 하지만 핼러윈 가면과 복장으로 자신의 얼굴을 감추면, 사람들은 어기를 그저 평범한 아이로 바라보고, 아무런 거리낌 없이 어기와 하이파이브를 한다. 주변 사람들의 시선을 의식하지 않고, 마음껏 함께 웃고, 신나게 사람들과 몸을 부딪칠 수 있는 날이다. 어기에게 핼러윈은 자신의 얼굴을 감출 수 있어서, 자신의 본성을 감추지 않아도 되는 유일한 날이다.

우주 비행사 헬멧을 쓴 아이

어기는 열 살이 되던 해까지 학교에 다니지 않았다. 집에서 어머니와 함께 홈스쿨링을 했다. 그를 전적으로 이해하고 사랑하는 사람들하고만 상호작용하면서 살았다. 밖에 나갈 때는 우주 비행사 헬멧을 쓰고 다녔다. 덕분에 사람들은 어기의 얼굴을 볼 수 없었고, 그래서 어기는 차가운 시선을 피하면서 살 수 있었다.

열 살이 되던 해에, 어기의 부모는 더 이상 학교에 가는 것을 미룰 수 없다고 판단한다. 열 살의 소년에게는 많은 인생이 남아 있고, 언제까지 자신을 완벽하게 이해해 주는 사람들만 만나면서 살 수는 없었다. 이제는 헬멧을 벗고 다른 사람들과 살아가는 것을 배워야 한다고 생각한 것이다. 그 과정이 고통스러울 수밖에 없음을 알지만, 현실과 직면하는 일을 너 이상 미룰 수도 없었다.

통과 욕구

어기가 학교에서 제일 싫어했던 장소는 학교 정문 앞 작은 광장이었다. 학교의 모든 학생이 왔다 갔다 하면서 만나고, 수다를 떨고, 장난을 치기도 하는 곳이다. 어기가 그곳을 제일 싫어하는 이유는 학교의 모든 사람이 그곳에 있기 때문이다. 그리고 그들이 모두 어기에게 시선을 주기 때문이다. 아무도 어기에게 못되게 굴지 않고, 뭐라고 수군거리지도 않는다. 어기를 보고 비웃지도 않는다. 어기가 지나가면 그저 어기에게로 시선을 줄 뿐이다. 어기를 쳐다보고, 고개를 돌렸다가 잠시 후에 다시 어기의 얼굴을 쳐다본다.

시선은 소리를 내지 않지만 말을 한다. 시선을 받는 사람은 그 시선의 의미를 바로 느낄 수 있다. 존경의 시선이 있고, 경멸의 시선이 있다. 사랑의 시선이 있고, 미움의 시선이 있다. 그리고 '이 사람은 대체 뭐지?', '이상해'라는 시선도 존재한다. 눈에서 광선이 발사되는 것은 아니지만, 시선이 폭력이 될 수 있는 이유가 여기에 있다.

미국 에모리 대학교의 문화 역사가 샌더 길먼Sander L. Gilman은 자신의 저서 《성형수술의 문화사》에서 사람들은 소속되어야 하거나 소속되고 싶은 집단의 일원으로서, 다른 구성원의 시선을 끌지 않고 자연스럽게 통과하고 싶은 욕구가 있다고 말한다. 통과 욕구는 부정적인 시선을 받지 않고 살아갈 수 있기를 원하는 마음이다. 우리 모두는 다른 사람들이 우리를 이상한 사람으로 보지 않기를, 시선의 폭력으로부터 자유롭기를 원한다.

시선의 폭력이 현실의 폭력으로 전환되기란 매우 쉽다. 부정적 시선은 단지 싫은 것이 아니라 두려운 것이다. 그래서 사람들은 사회가 아름다움이라는 이름으로 제시하는 정상성의 기준에 자신을 끼워 맞추기 위해 노력한다. 성형수술을 해서라도 자신의 외모를 사회가 제시한 기준에 부합하도록 만들려고 한다. 타고난 외모 때문에 고정관념과 편견의 대상이 되고 싶지 않기 때문이다. 다양성이 존중받지 못하고, 고정관념과 편견이 강한 사회일수록 성형에 대한 욕구가 강해지는 이유다.

무엇을 바꿔야 할까? 수십 번의 성형을 해서라도 사회가 제시하는 정상성의 기준에 맞추기 위해 얼굴을 바꿔야 할 것인가? 아니면, 우리 사회가 가지고 있는 고정관념과 편견을 없애기 위해 노력해야 하는가?

시선은 바꿀 수 있다

어기가 학교에서 제일 좋아했던 장소는 과학 교실이었다.

그곳에서 어기는 자신이 가장 좋아하는 과목의 수업을 들을 수 있었다. 어기는 동급생 중에서 과학에 관한 한 가장 뛰어났다. 아이들은 가끔 아무도 대답하지 못하는 질문에 답을 하는 어기를 경이로운 시선으로 바라봤다. 과학 교실에서만큼은 아이들의 시선은 어기의 얼굴이 아니고, 어기가 가지고 있는 지식과 재능을 향했다. 시선은 바꿀 수 있는 것이다.

교장 선생님이 어기를 괴롭힌 학생의 부모에게 말한다. 어기가 얼굴을 바꿀 수는 없다고. 하지만 우리가 어기를 보는 방식을 바꿀 수는 있다고.

9

당신의 웃는 얼굴을
보고 싶었습니다

다른 사람의 웃음에 행복해하는 사람

"마마님의 웃는 얼굴을 보고 싶었습니다."

하선(이병헌 분)이 신하들의 광적인 반대를 무릅쓰고 중전 (한효주 분)의 오빠 유정호를 풀어준 이유다. 신하들은 충신인 유정호에게 역모의 죄를 씌워 죽이려 한다. 마음만 먹으면 왕 도 독살시킬 수 있는 신하들은 유정호를 죽여야 한다고 하선 을 압박한다. 하지만 신하들의 위협도 궁의 여인이 된 후로 웃 음을 잃어버린 중전에게 다시 웃음을 찾아주고 싶은 하선의 마음을 굴복시키지는 못한다. 하선은 자신의 목숨을 걸고서라 도 중전의 얼굴에서 웃음을 보고 싶었던 것이다.

추창민 감독이 연출한 〈광해, 왕이 된 남자〉의 가짜 왕 하선은 다른 사람의 얼굴에서 웃음을 보고 싶어 하는 사람이다. 하선이 보고 싶어 하는 것은 중전의 웃는 얼굴만이 아니다. 그는 어린 궁녀 사월이(심은경 분)의 얼굴에서도, 조 내관(장광 분)의 얼굴에서도, 그리고 자신에게 의심의 눈길을 거두지 않는 도 부장(김인권 분)의 얼굴에서도 웃음을 보고 싶어 한다.

하선은 자신의 곁에 있는 사람들의 얼굴에서만 웃음을 찾는 사람이 아니다. 그는 궁궐 밖에 사는 수많은 백성의 얼굴에서도 웃음을 볼 수 있기를 욕망한다. 대신들의 반대에도 불구하고 토지를 더 많이 가진 자들이 더 많은 세금을 내도록 만든 대동법을 당장 시행하라고 명하는 이유는 가난한 백성들에게 웃음을 찾아주고 싶기 때문이다. 명나라에 사대의 예를 갖추기 위해서 수만 명의 군사를 사지에 몰아넣으려는 대신들을 꾸짖고 군사들의 목숨을 보전할 수 있도록 조처하는 이유도 백성들의 웃는 얼굴을 보고 싶기 때문이다.

하선이 사람들의 얼굴에서 웃음을 보고 싶어 하는 이유는 그것이 자신을 행복하게 만들기 때문이다. 그는 다른 사람들의 마음에 쉽게 전염되는 사람이다. 중전이 웃으면 하선 자신이 행복해진다. 중전이 아파하면 그도 아픔을 느낀다. 사월이의 웃는 얼굴은 그를 행복하게 하지만 사월이의 울음은 그를 눈물 흘리게 한다. 백성들의 웃는 모습을 생각하면 마음이 가벼워지지만, 백성들이 겪는 고초를 상상하는 것만으로도 그는 심리적 통증을 경험한다. 하선은 자신이 행복해지기 위해서 다른 사람의 기쁨이 필요한 사람이다.

공감 본능

하선은 공감할 수 있는 능력을 가진 사람이다. 사실 공감 기능을 담당하는 거울뉴런(mirror neuron)에 선천적인 장애가 있는 것으로 알려진 자폐증을 제외하면, 거의 모든 사람은 공감 능력을 가지고 태어난다. 신생아도 다른 아기의 울음에 공감 반응을 보인다. 미국의 암스트롱 주립 단과대학의 발달심리학자인 그레이스 마틴Grace Martin 등의 연구자들은 태어난 지 하루밖에 되지 않은 신생아들에게 여러 종류의 울음소리를 녹음해서 들려주었다. 신생아들은 자기 울음소리를 들으면 울다가도 울음을 멈췄다. 하지만 다른 신생아의 울음소리를 들으면 조용하다가도 갑자기 따라 울기 시작했다. 이탈리아 파두아 대학교의 발달심리학자인 마르코 돈디Marco Dondi 등이 시행한 연구에서도 태어난 지 하루 정도 지난 신생아들이 자기 울음소리보다는 다른 신생아의 울음소리를 들었을 때, 고통스러워하는 표정을 더 자주 짓고, 이를 오랫동안 지속한다는 것을 발견했다. 신생아가 다른 아기의 고통 신호인 울음소리를 듣고 자신도 고통을 느끼는 듯한 반응을 보인 것이다.

권력의 맛

사람들이 아기 때부터 가지고 있던 공감 능력을 갉아먹는 것 중 하나는 바로 권력의 맛이다. 권력은 그것을 가진 자가 다른 사람의 눈치를 보지 않고 원하는 것을 취할 수 있는 자유를 제공한다. 그 결과, 권력의 맛을 보게 되면 사람들은 다른 사람들의 관심사에 둔감해지고, 자신의 목표와 욕구를 충족시키는 데만 집중하는 경향이 커진다. 실제로 관계에서 더 많은 권력을 가진 사람(예. 상사, 형)이 상대적으로 적은 권력을 가진 상대방(예. 부하, 동생)의 감정이나 태도를 틀리게 판단하는 경우가 그 반대의 경우보다 많다.

권력은 또한 자기중심적으로 세상을 조망하도록 만든다. 미국 컬럼비아 대학교의 사회심리학자인 애덤 갈린스키Adam Galinsky 등의 연구에서는 실험참여자들에게 자기 앞에 앉아 있는 사람이 읽을 수 있게 이마에 알파벳 'E'를 쓰도록 지시했다. 앞에 있는 사람이 쉽게 읽을 수 있도록 하려면 'E'를 뒤집어서 써야 한다. 즉 앞에 있는 사람의 관점에서 'E'를 써야 하는 과제였다. 결과에 따르면, 이전 과제에서 자신의 권력이 높아지는 느낌을 받았던 사람들이 권력이 낮아지는 느낌을 받았던 사람들보다 'E'를 뒤집어서 쓰는 과제에서 더 많은 실수를 범하는 것으로 나타났다. 권력의 맛이 다른 사람의 관점을 취하는 일을 방해한 것이다.

나의 웃는 얼굴을 보고 싶어 하는 사람에게

우리는 마음을 준다

권력의 맛은 약자의 목표와 욕구에 관심을 잃게 만든다. 하지만 하선은 왕의 권력을 누릴 수 있는 위치에 서게 된 후에도 약자의 눈으로 세상을 바라본다. 그는 중전의 고통을 자신의 고통으로 경험하고, 사월이의 설움을 자신의 설움으로 느끼며, 백성들의 억울함을 자신의 억울함으로 체험한다. 하선은 왕이 되고 난 이후에도 다른 사람의 얼굴에서 웃음을 보고 싶어 하는 욕구를 참지 못하는 사람이다. 중전, 사월이, 조 내관, 도부장, 허균이 모두 하선에게 마음을 내주는 이유가 여기에 있다. 그리고 그는 결국 관객들의 마음까지 빼앗는다. 사람들은 자신의 웃는 얼굴을 보고 싶어 하는 사람에게 마음을 준다.

10.
쓸모없는 것의
쓸모

쓸모의 심리학 : 미나리(Minari)

쓸모없는 존재가 된다는 것의 의미

1980년대 한국에서 미국으로 이민 간 한국인 부부(스티븐 연, 한예리 분). 병아리 감별사로 일하면서 아메리칸 드림을 꿈꾼다. 병아리 감별사는 암컷과 수컷 병아리를 분리하는 직업이다. 암컷으로 확인된 병아리는 계속 길러진다. 하지만 수컷 병아리의 운명은 다르다. 알을 낳지 못하고 맛도 없는 수컷은 분리된 후 바로 소각된다.

쓸모없는 존재는 가차 없이 버려지는 세상이다. 감별소의 굴뚝에서 새어 나오는 검은색 연기는 이 세상에서 쓸모없는 존재가 된다는 것이 무엇을 의미하는지를 보여준다. 아빠는 아들에게 말한다. 쓸모 있는 사람이 되어야 한다고.

미국의 시골 중에서도 시골인 아칸소. 부부는 캘리포니아에서 온종일 병아리의 항문만 보면서 10여 년 일해 모은 돈으로 땅을 사서 이곳으로 이주한다. 어린 아들과 딸을 데리고.

녹색의 드넓은 땅. 하지만 잡초만 무성하다. 동네 사람들은 다 아는 불운의 땅이다. 그래도 아무도 거들떠보지 않는 이 땅에 미래를 걸고 찾아온 가족은 우물을 찾고, 땅을 갈고, 비닐을 덮고, 정성을 다해 농사를 짓는다. 이제 본격적으로 아메리칸 드림의 출발점에 선 것이다.

쓸모 있는 것

미국에 한국인들이 점점 늘어나서 한국 농산물을 찾는 사람들도 늘어났다. 그래서 한국 마트에 내다 팔 수 있는 한국산 채소 농사를 시작했다. 팔 수 있는 것이 쓸모 있는 것이니까. 기름진 땅이 있었기에 성실하고 열심히 땀을 흘리기만 하면 된다고 생각했다. 하지만 만만한 것은 하나도 없다. 가족이 머무는 컨테이너 이동식 주택은 토네이도가 불면 날아갈 정도로 허약하고, 심장이 안 좋은 네 살짜리 아들에게 어떤 일이 일어날지 몰랐다. 씩씩한 딸이 있었지만, 아직 어린애였다.

부부가 낮에 일하는 동안 아이들을 돌봐줄 사람이 필요했다. 한국에서 순자 할머니(윤여정 분)를 모시고 온 이유다. 순자 할머니는 가방 가득 한국을 담아왔다. 고춧가루, 멸치, 손자를 위한 보약, 화투, 그리고 미나리 씨. 부부에게 돈이 바닥이 났을 때는 두툼한 돈 봉투까지 쥐여준 순자 씨. 자식에게 엄마만큼 쓸모 있는 사람이 또 있을까?

네 살짜리에게 쓸모 있는 것

손자 데이비드(앨런 김 분)에게 순자 할머니는 자기가 생각하는 할머니의 모습과는 달랐다. 쿠키도 구워주지 않고, 욕도 한다. 영어도 제대로 못한다. 네 살짜리 남자인 자신에게 '예쁘다'라고 하다니. 나는 '잘생긴' 남자라고! 방을 함께 쓰는 할머니한테서는 냄새도 났다. 할머니 냄새. 그중에서도 최악은 할머니가 한국에서 가져온 보약이었다. 진한 검은 액체인 보약이야말로 참을 수 없었다. 그 향과 맛은 먹다가 토할 정도다. 그래서 몰래 하수구에 버리기도 했다. 정말 쓸모없는 것이었다.

네 살짜리 데이비드에게 쓸모 있는 것은 달콤한 것이었다. 산에서 나온 이슬로 만들었다는 노란색 음료 정도는 돼야 했다. 할머니가 가지고 온 것 중에는 그나마 화투가 마음에 들었다. 재미도 있었고 친구와 놀 때도 좋았다. 백인 친구가 감탄하는 울긋불긋한 한국 카드는 데이비드에게도 꽤 쓸모가 있었다.

모두는 존재 자체로 쓸모 있다

우리에게 쓸모 있는 것은 무엇일까? 팔 수 있는 것, 돈이 되는 것, 재미있는 것, 달콤한 것만이 쓸모 있는 것일까? 정이삭 감독의 자전적 영화인 〈미나리〉는 우리는 모두 존재 그 자체로 쓸모 있다는 것을 보여준다. 공들여 키운 먹음직스러운 채소뿐만 아니라, 눈에 띄지 않는 물가에 조용히 자라난 미나리, 심지어 〈미나리〉의 화면을 평화로움으로 가득 채운 잡초들조차도 모두 쓸모 있는 존재이다. 단지 우리가 그 쓸모와 아름다움을 눈치채지 못한 채 지나갔을 뿐이다.

심장이 아파 뛰지도 못하는 네 살배기, 풍이 와서 제대로 말하지도 걷지도 못하는 할머니, 조금 무섭기도 한 한국전쟁 참전 군인이자 농사꾼인 폴(윌 패튼 분). 모두의 존재 덕분에 새로운 희망을 볼 수 있었다. 어쩌면 데이비드가 정말 쓸모없다고 생각했던 할머니의 보약이 데이비드의 심장에 난 구멍을 막았을지도 모른다. 세상의 모든 존재는 존재 그 자체로 소중하다. 당신도 마찬가지다.

11.

왜 내가 축구를 보면
꼭 우리 팀이 질까?

징크스와 자기효능감 : 실버라이닝 플레이북(Silver Linings Playbook)

생중계 징크스

생중계 징크스라는 게 있다. 자신이 직접 생중계로 경기를 시청하면 응원하는 선수나 팀이 지고 마는 징크스. 생중계 징크스를 가진 분들의 증언에 따르면, 자신의 생중계 시청은 늘 대형 참사를 부른다고 한다. 지구 반대편에서 우리나라를 대표해서 투혼을 불사르는 태극전사에게 힘을 보태기 위해서 졸린 눈 비벼가며 새벽에 힘차게 응원이라도 했다가는 낭패를 보고 만다는 것이다. 선제골을 넣고도 역전패당하는 것은 기본. 축구는 오 대 영, 야구는 완봉패.

이쯤 되면 자신이 응원하는 팀이나 선수의 경기를 아무리 생중계로 보고 싶은 마음이 굴뚝같아도 꾹 참고 녹화중계 시간을 기다리게 된다. 응원 팀이나 선수가 패하면 그것은 생중계 시청을 한 자신의 잘못이라는 생각이 들기 때문이다. 열심히 응원해 놓고도 죄책감에 시달리게 되는 것. 덕분에 생중계 시청은 금기가 돼버린 지 오래다.

똑같은 종류의 생중계 징크스인데 내용은 완전히 반대인 경우도 있다. 자신이 생중계로 봐줘야 응원 팀이 승리하는 것. 이런 사람들의 증언에 따르면, 만약 바쁘고 피곤하다는 이유로 생중계 시청을 소홀히 했다가는 응원 팀의 패배는 불을 보듯 뻔하다고 한다. 그래서 응원 팀의 승리를 지켜주기 위해서 무슨 일이 있어도 눈에 불을 켜고 생중계를 사수한다.

승리의 기운을 전달하는 사람

데이비드 러셀 감독의 〈실버라이닝 플레이북〉. 실버라이닝은 먹구름의 은빛 가장자리를 의미한다고 한다. 먹구름이 해를 가리고 있어도 은빛으로 빛나는 가장자리는 언젠가는 해가 다시 우리를 향해 밝게 햇살을 비출 것이라는 한 가닥 희망을 품게 만든다. 그래서 실버라이닝은 '밝은 희망'이라는 뜻이기도 하다. 플레이북은 미식축구에서 팀의 공수 작전을 그림과 함께 기록한 책이다. 각본, 계획, 전술 등의 의미도 있다. 따라서 영화 제목인 〈실버라이닝 플레이북〉은 희망을 찾기 위한 작전 계획을 구체적으로 그려놓은 책이라고 하겠다.

이 영화에도 지독한 생중계 징크스를 가진 사람이 등장한다. 이 영화의 주인공 팻(브래들리 쿠퍼 분)의 아버지 솔리타노(로버트 드 니로 분)가 바로 그 사람이다. 그와 가족은 모두 미식축구팀 필라델피아 이글스의 광팬이다. 솔리타노는 아들인 팻이 이글스의 경기를 보는 날에는 이글스가 반드시 승리한다고 믿고 있다. 그는 아들이 가지고 있는 승리의 기운이 이글스에 전달되게 하려고 아들, 리모컨, 그리고 텔레비전이 일직선이 되도록 만든다. 더 좋은 방법은 팻이 한 손에는 이글스의 엠블럼이 새겨진 손수건을 쥐고 다른 손에는 리모컨을 들고 텔레비전을 향해 좋은 기운을 직접 전달하는 것이다. 팻이 바쁘면 팻의 친구라도 상관없다. 팻의 친구는 팻과 연결되어 있다고 믿기 때문에 친구가 손수건과 리모컨을 쥐고 텔레비전에 집중하면 팻의 기운이 어느 정도는 경기에 영향을 줄 수 있다고 생각한다.

문제는 그가 미식축구 경기의 승패에 돈을 거는 스포츠 도박을 한다는 것. 드디어 운명의 날, 솔리타노는 일생일대의 도박에 자신과 가족의 운명을 건다. 가족들이 식당을 열기 위해서 모아두었던 거의 전 재산을 이글스의 승리에 건 것. 이런 무모한 결정을 내릴 수 있었던 것은 그에게 팻이 있었기 때문이다. 그는 팻이 경기를 지켜보도록 만들기만 하면 이글스의 승리는 떼 놓은 당상이라고 확신한다.

가족들이 미쳤다고 만류해 보지만 그의 굳건한 믿음은 꿈적도 하지 않는다. 그는 팻을 설득해서 이글스의 경기를 보러 경기장에 가게 만든다. 아무래도 팻이 경기장에 가서 선수들에게 직접 좋은 기운을 불어넣는 것이 승리를 보장하는 가장 확실한 방법이라고 생각하기 때문이다.

자기효능감

과연 팻이 이글스의 경기를 보는 것이 이글스가 승리할 확률을 1%라도 높일 수 있는 길일까? 물론 그럴 가능성은 전혀 없다. 솔리타노의 가족들이 말하듯이 그것은 미신에 불과하다.

하지만 만약 솔리타노가 이글스의 주전 선수라면 이야기는 달라진다. 팻이 경기를 지켜보면 이글스가 승리할 것이라고 굳게 믿고 있는 솔리타노가 경기에 출전하는 선수라면 팻이 경기를 보느냐 마느냐는 솔리타노의 경기력에 상당한 영향을 미칠 수도 있다.

독일 쾰른 대학교의 사회심리학자인 리산 다미치Lysann Damisch 등이 발표한 연구는 미신적인 믿음이 실제로 수행을 증진시킬 수 있다는 것을 보여준다. 사람들은 자기 손에 있는 골프공이 행운의 공이라고 믿었을 때, 평범한 공이라고 생각했을 때보다 퍼팅 성공률이 크게 높아졌다. 또한 자신만의 행운의 물건(예. 반지, 인형, 조약돌)을 가지고 있을 때(행운조건) 행운의 물건을 옆방에 두고 온 사람들(비교조건)보다 과제를 훨씬 더 잘 수행한 것으로 나타났다. 이 연구에서는 8개의 알파벳 철자를 이용해서 최대한 많은 단어를 만드는 과제가 주어졌는데, '비교조건'의 참여자들이 31개의 단어를 만든 반면, '행운조건'의 참여자들은 46개의 단어를 만든 것으로 나타났다. 행운의 물건이 옆에 있을 때 15개나 더 많은 단어를 만들 수 있었던 것이다.

자신에게 행운이 있다는 믿음은 자기효능감(self-efficacy)을 증진시키는 데 도움을 줄 수 있다. 자기효능감은 자신이 성공에 필요한 역량을 가지고 있다는 생각이다. 사람들은 자신에게 행운이 따른다는 믿음이 강할수록 자신의 능력에 대한 확신이 강해진다. 그 결과, 자기효능감이 커지게 되는 것이다.

많은 연구는 자기효능감이 큰 사람들이 자기효능감이 작은 사람들보다 과제를 더 성공적으로 수행한다는 것을 보여주었다. 이것은 자기효능감이 큰 사람들이 더 도전적인 목표를 설정하고, 자신에게 주어진 목표에 도달하기 위해서 더 끈기 있게, 지속적으로 과제에 매달리기 때문이다. 따라서 행운에 대한 믿음이 실제로는 그 근거가 비과학적인 것일지라도, 자신의 성공에 대해 확신하도록 만들고 열심히 노력하도록 이끌어서 더 좋은 결과를 낼 수 있는 것이다.

타이거 우즈, 마이클 조던, 그리고 세리나 윌리엄스의 공통점

타이거 우즈, 마이클 조던, 그리고 세리나 윌리엄스는 모두 세계적인 스포츠 스타다. 이들에게는 공통점이 하나 있는데, 바로 징크스를 가지고 있다는 것이다. 타이거 우즈는 토너먼트에서 제일 중요한 경기가 벌어지는 날이면 빨간색 상의를 꺼내 입는다. 마이클 조던은 재학 시절부터 입었던 노스캐롤라이나 대학 농구팀의 파란색 반바지를 NBA 유니폼 아래에 받쳐 입고 경기에 나섰다고 한다. 세리나 윌리엄스는 테니스 대회 토너먼트 내내 같은 양말을 신고 경기를 한 적이 있다고 한다.

이들이 자신만의 징크스를 지키려고 했던 이유는 이들이 강박증 환자였기 때문이 아니라, 징크스가 자신의 경기력에 도움이 된다는 사실을 경험을 통해서 알고 이를 적극적으로 이용했기 때문이다. 이제 우리도 자신만의 실버라이닝 플레이북에 징크스를 이용한 희망과 성공 만들기 작전을 시작해 보는 것은 어떨까.

12.

엄마 선물로 뽀로로 가방을 선택하는 이유

자아중심적 사고 : 이상한 변호사 우영우(Extraordinary Attorney Woo) 1

돌고래 해방 시위

자유롭게 바다를 헤엄치며 살아야 할 돌고래. 그런데 사람들에게 포획당한 돌고래들이 수족관에 갇혀 있다. 돌고래 전시회가 열리는 수족관 입구에서 귀여운 돌고래 모자를 눌러쓴 사람 둘이 피켓 시위를 하고 있다. 우영우(박은빈 분)와 이준호(강태오 분)다. 돌고래 전시회에 아이들이 많이 찾아오니까 아이들이 좋아하는 돌고래 모자를 썼다. 돌고래 모자는 우영우에게 딱 어울린다. 하지만 이준호에게는 조금 작아 보인다. 가까스로 머리에 쓰기는 했지만 영 어색하다.

두 사람은 호흡을 맞춰 큰 소리로 외친다. 돌고래가 있어야 할 곳은 수족관이 아니라 바다라고. 돌고래를 바다로 돌려보

내라고. 주중에 법률사무소에서 숨 쉴 틈도 없이 바쁘게 일한 두 사람에게 주어진 소중한 주말 시간. 하지만 둘이 선택한 주말 데이트는 뜨거운 뙤약볕이 내리쬐는 수족관 앞에서 돌고래 해방 시위를 하는 일이었다.

그게 당신에게는 재미없다고?

우영우는 돌고래 해방 시위가 너무 재미있다. 고래는 우영우의 가슴을 설레게 하는 존재다. 김밥도 좋아하지만 고래에 대한 사랑에 비할 수 없다. 우영우는 자신이 고래를 좋아하는 만큼 다른 사람들도 고래에 관심이 있을 거라고 생각한다. 그러지 말라는 지적을 여러 차례 받았음에도, 사람들 앞에서 매번 고래 이야기를 꺼내는 이유다. 당연히 이준호도 고래를 사랑한다고 생각한다. 그러니 돌고래 해방 시위에 함께 참여한 거라고. 이준호에게도 돌고래 해방 시위는 당연히 재미있는 일이라고.

우영우는 자신이 좋아하는 것은 이준호도 좋아한다고 생각한다. 데이트할 때 했던 일들도 당연히 이준호가 재미있으니까 함께했을 거라고 생각했다. 상쾌한 아침에 일찍 일어나 조깅을 하고 쓰레기도 주웠던 일. 하지만 아니었다. 이준호에게는 새벽부터 뛰면서, 집에 가기 전까지 서로 말 한마디도 못 하고 등에 멘 큰 망태기가 가득 차도록 쓰레기만 주웠던 힘든 노동이었다. 맛집 투어도 했다. 이준호에게는 아침부터 하루 종일 김밥만 먹는 김밥 맛집 투어였다. 오락실도 갔다. 하지만 이준호에게는 3시간 동안 자리에서 일어나지도 못하고 다른 그림 찾기만 했던 날이었다.

우영우는 깜짝 놀란다. 그 일들이 그렇게까지 재미있지는 않았다는 이준호의 말을 듣고. 자신에게 엄청나게 재미있는 일이 이준호에게는 재미있지 않았다니.

사진기억을 가진 그녀에게 없는 것

문지원 작가의 〈이상한 변호사 우영우〉의 주인공 우영우는 천재적인 두뇌의 소유자다. 한 번 본 것은 모두 기억할 정도로 놀라운 기억력을 가지고 있다. 법조문도 문구 하나 틀리지 않고 마치 사진을 찍어놓은 것처럼 정확하고 세밀하게 기억해낸다.

다른 사람들은 꿈도 꾸지 못할 사진기억을 가지고 있는 그녀지만, 우영우에게는 다른 사람들 모두가 가지고 있는 평범한 능력이 없는 듯 보인다. 상대방의 말과 행동에서 그 사람의 진짜 의도와 감정을 느끼고 이해하는 능력이 그것이다. 자폐스펙트럼 장애가 있는 우영우가 상대방의 의도와 감정을 이해하는 방식은 다섯 살 정도의 아동들의 방식과 매우 유사하다. 내가 좋아하는 것은 다른 사람도 좋아할 것으로 생각하고, 내가 보고 있는 것을 상대방도 보고 있다고 생각하는 것이다.

엄마 선물로 명품 가방보다 뽀로로 가방을 선택하는 이유

어른과 아이는 다르다. 특히, 다섯 살 전후의 아동들의 사고 방식은 어른과 질적으로 다르다. 어른은 나와 타인이 보는 세상이 다를 수 있다는 것을 안다. 내가 보지 못한 것을 상대방이 볼 수도 있고, 내가 본 것을 상대방은 보지 못할 수도 있다는 것을 안다. 내게 소중한 것이 상대방에게는 큰 의미가 없을 수 있고, 상대방이 소중하게 생각하는 것이 내게는 아무런 가치가 없을 수 있음을 안다. 하지만 아동은 세상 모든 사람이 자신과 동일한 세상을 본다고 생각하는 경향이 강하다. 자신에게 안 보이면, 다른 사람에게도 안 보일 것이라 생각한다. 반대로 자신이 본 것은 다른 사람도 봤을 것이라고 생각한다. 자신의 관점과 다른 사람의 관점이 다를 수 있다는 사실을 이해하지 못하는 것이다.

장 피아제는 타인의 관점을 고려하지 못하는 아동들의 사고방식을 자아중심적 사고(egocentrism)라고 불렀다. 자아중심적 사고 경향 때문에 아동들은 자신이 좋아하고 자신에게 필요한 것들을 다른 사람도 좋아하고 필요로 할 것이라고 생각한다. 만약 5세 전후의 아동에게 비싼 명품 가방과 뽀로로가 그려진 가방 중에서 엄마에게 줄 선물을 고르라고 하면, 아동은 뽀로로 가방을 엄마 선물로 선택할 가능성이 매우 높다. 이는 아동이 엄마도 자기와 같은 관점으로 세상을 볼 것이라고 가정하기 때문이다. 자아중심적이라는 것이 이기적이라는 뜻은 아니다. 자신이 좋아하는 것을 엄마도 좋아할 것으로 생각하기 때문에, 사랑하는 엄마를 위해서 최선을 다해 뽀로로 가방을 선택하는 것이다.

나를 어른으로 만드는 것은 나와 다른 생각이다

타인의 관점을 고려할 수 있는 능력은 약 7~8세 전후에 획득하게 된다. 초등학교에 들어가면 다양한 생각과 관점을 가진 또래와의 상호작용을 경험한다. 덕분에 아동은 다른 사람들이 자신과는 다른 관점으로 세상을 볼 수 있다는 사실을 알게 된다. 내가 좋아하는 것을 친구는 싫어할 수도 있고, 내가 싫어하는 것을 친구는 좋아할 수도 있음을 이해하는 일이 가능해진다. 엄마는 뽀로로 가방보다는 뽀로로가 없는 가방을 더 좋아할 수 있다는 것을 알게 된다. 나는 만화영화가 재미있지만, 아빠는 뉴스를 더 재미있어 할 수 있다는 것을 이해하게 된다.

타인의 관점을 수용하는 능력은 우리를 타인과의 소통이 가능한 존재로 만든다. 나와는 다른 방식으로 세상을 보는 사람과 소통하기 위해서는 상대방이 어떻게 세상을 보는지를 이해할 수 있어야 한다. 자신과는 다른 타인의 관점을 받아들이고 인정할 줄 알아야 한다. 왜 상대방은 내가 싫다고 하는 것을 좋다고 하는지를 이해하고 수용해야 상대방과 대화를 할 수 있고, 이를 통해 서로가 납득할 수 있는 해결책을 찾아내는 것이 가능해진다.

자아중심적 사고에서 벗어남으로써 아이는 이제 어른의 방식으로 세상을 보기 시작한다. 자신의 생각이 세상 전부라고 생각했던 아이는 이제 세상에는 수많은 다른 생각이 존재한다는 것을 이해하기 시작한다. 사회적 동물에게 필수적인 능력은 바로 다른 구성원과 소통하는 능력이다. 소통할 수 있어야 다른 구성원과의 사회적 상호작용이 가능하기 때문이다. 따라서 자아중심적 사고에서 벗어났다는 것은 아이가 이제 다른 구성원과 독립적으로 소통이 가능한 존재, 즉 어른이 되었음을 의미한다.

초등학교에 들어간 아동이 자아중심적 사고에서 벗어날 수 있는 것은 자신과는 다른 조망으로 세상을 보는 친구들 덕분이다. 내가 좋아하는 것을 싫다고 말하고, 내가 싫어하는 것을 좋다고 말하는 친구들이 생각의 시야를 확장해 준 덕이다.

어른이 되기 위해서는 나와는 다른 생각을 말해줄 친구가 있어야 한다. 나와 같은 생각을 가진 존재는 내게 자신감을 주지만, 나를 어른으로 만드는 것은 나와 다른 생각을 가진 존재다.

사랑이 예쁘게 깨뜨려주는 것

우영우와 이준호의 사랑은 그동안 둘이 보지 못했던 새로운 세상을 볼 수 있게 해준다. 자신이 좋아하는 것을 다른 사람은 싫어할 수도 있다는 것을 체험할 기회를 주고, 다름이 나쁘거나 잘못된 것이 아님을 깨닫게 한다. 덕분에 우영우와 이준호는 그전에는 보이지 않았던 더 큰 세상을 볼 수 있게 된다.

사랑은 우리의 자아중심적 사고를 제일 예쁘게 깨뜨려주는 친구다. 사랑하기 때문에 그 사람의 눈으로 세상을 보고 싶고, 그 세상을 받아들이고 싶어진다. 견고한 나의 관점을 내려놓는 것은 두렵고 고통스럽기도 하다. 많은 사람이 타인의 관점을 수용하는 것을 회피하는 이유다. 하지만 사랑은 두려움과 고통에 맞설 용기를 준다. 사랑은 우리가 보지 못했던 세상과 외면했던 사람들을 바라볼 힘이 된다. 사랑의 힘은 좁고 답답한 내 마음의 방에서 벗어나 더 크고 다양한 세상을 보고 인정하게 만든다. 사랑이 우리를 성장시키는 친구인 이유가 여기에 있다.

13.
키스를 하면서도 동시에
숨을 쉴 수 있는 방법

동화와 조절 : 이상한 변호사 우영우(Extraordinary Attorney Woo) 2

저는 당신의 얼굴이 잘 보입니다

자꾸만 보고 싶은 사람이 생겼다. 고래도 아닌데. 이상하다. 머릿속에 불쑥불쑥 떠오르는 사람. 자꾸 보고 싶다는 생각이 드는 인간은 그가 처음이다. 갑자기 보고 싶은 마음에 전화기를 들었다. 지금 그의 얼굴이 보고 싶다. 영상으로라도.

깜빡 졸다가 전화 소리에 깬 이준호. 우영우였다. 영상 모드로 걸려온 전화. 눈곱을 떼고 호흡을 가다듬은 이준호는 영상 통화 버튼을 누른다. 그런데 화면에는 우영우의 코와 입만 보인다. 우영우의 얼굴을 온전히 다 보고 싶은 이준호가 말한다. 변호사님 얼굴이 잘 안 보인다고. 그러자 우영우가 대답한다.

"저는 이준호 씨의 얼굴이 잘 보입니다."

세상을 보는 마음의 틀, 스키마

사람들은 세상을 자신이 가지고 있는 마음의 틀을 통해 바라본다. 스키마(schema)라고 하는 마음의 틀은 우리가 세상에 대해 가지고 있는 정보를 토대로 만든 지식이다. 우영우라는 인물에 대한 스키마는 우리가 최근까지 수집한 우영우에 대한 정보를 토대로 만든 지식이다. 고래와 김밥을 좋아하고, 자폐스펙트럼 장애가 있어서 의사소통과 대인관계에 매우 미숙하지만, 뛰어난 능력과 따뜻한 마음을 가지고 있는 변호사. 우리가 우영우에 대해 가지고 있는 스키마다.

스키마를 가지고 있으면, 우영우와 관련된 정보를 효과적으로 처리하고 우영우의 미래 행동을 예측할 수 있다. 덕분에 우영우가 처음 만난 사람에게 자신을 독특하고 어색한 방식으로 소개하는 장면이 놀랍지 않고, 다른 변호사들은 해결하지 못하는 문제를 우영우는 해결할 수 있을 것이라고 예측한다.

정교해지는 스키마, 동화와 조절

장 피아제는 생각은 동화(assimilation)와 조절(accommodation) 과정을 통해 발달한다고 가정한다. 이제 막 기어 다니기 시작한 아동이 고양이 인형의 꼬리를 잡는다. 그러고는 잡아당긴다. 그 결과, 인형이 자신 쪽으로 이동한다. 인형과 자신과의 거리가 가까워진다. 이러한 경험을 토대로 아동은 행위와 결과에 대한 스키마를 형성한다. 어떤 대상을 손으로 잡은 다음 당기면 자기 쪽으로 위치가 이동한다는 지식이다.

스키마가 형성되면 아동은 스키마를 다른 대상에게도 적용하는데, 이를 동화과정이라고 한다. 고양이 인형뿐만 아니라 손에 잡히는 것들은 뭐든 잡아당긴다. 곰 인형도 잡아당기면 자신 쪽으로 이동하고, 장난감 트럭도 마찬가지다. 이러한 동화과정을 통해 아동은 자신이 가지고 있는 스키마를 적용할 대상의 범위를 넓혀나간다. 하나의 스키마를 가지고 이해하고 예상할 수 있는 일이 점점 많아지는 것이다.

그런데 어느 날 아동은 인형이 아닌 진짜 고양이의 꼬리를 잡아당겼다. 그러자 깜짝 놀란 고양이가 후다닥 도망가 버렸다. 잡아당겼는데 자기 가까이 온 게 아니라 더 먼 곳으로 위치 이동이 발생한 것이다. 아동이 가지고 있는 기존의 스키마로는 설명할 수 없는 결과다. 이러한 상황에 직면했을 때, 아동은 새롭게 직면한 결과를 해석할 수 있도록 자신이 가진 기존의 스키마를 조절한다. 고양이 인형의 꼬리를 잡아당기면 자기 쪽으로 이동하지만, 살아 있는 고양이의 꼬리를 잡아당기면 자신과는 반대 방향으로 달아날 수 있다는 것을 설명할 수 있는 스키마로 수정한다.

조절된 스키마는 다시 동화의 과정을 거친다. 수정된 스키마를 다양한 대상에 적용해 보는 것이다. 그 덕분에 아동은 잡아당기는 행위가 생명체와 비생명체에 따라 다른 결과를 유발할 수 있다는, 보다 정교하고 과학적인 스키마를 획득하게 된다.

부실한 스키마

법률에 대한 지식을 빼면, 우영우가 가지고 있는 스키마 중에 가장 정교한 것은 고래에 대한 스키마다. 고래에 대한 수많은 정보가 체계적으로 축적되어 만들어진 우영우의 스키마는 고래와 관련된 다양한 정보를 쉽고, 빠르고, 정확하게 파악할 수 있게 한다. 하지만 우영우가 가지고 있는 인간관계와 의사소통에 대한 스키마는 허술하다. 특히 사랑을 만들어가는 데 필요한 하부 요소들의 스키마는 거의 없는 듯 보이기도 한다. 사랑을 완성하기 위해서는 데이트도 해야 하고, 신체적인 따뜻함을 공유할 수 있어야 하는데, 우영우에게는 이와 관련된 스키마가 발달되지 않았다.

키스를 하면서도 동시에 숨을 쉴 수 있는 방법

우연히 엘리베이터에 회사 대표와 둘만 타게 된 우영우. 대표가 무슨 고민 없냐고 물어본다. 개인적인 고민이라 말하고 싶지 않은 우영우. 하지만 대표가 자꾸 편하게 말해보라고 종용한다. 소속 변호사의 고민은 대표인 자신의 고민이기도 하다면서. 고민 끝에 우영우가 이야기한다.

"키스할 때 서로 앞니가 부딪치지 않으려면 입을 벌려야 하는데, 그 상태에서는 숨을 쉬기가 어렵습니다. 키스를 하면서도 동시에 숨을 쉴 수 있는 방법은 없는지, 그것이 고민입니다."

사실 우영우의 개인적인 고민은 며칠 전에 시작됐다. 이준호와의 첫 키스에 이빨이 부딪힌 우영우. 그녀가 이준호에게 묻는다. 키스할 때 원래 이렇게 서로 이빨이 부딪히냐고, 부딪히지 않게 하려면 어떻게 해야 하냐고. 준호가 조심스럽게 말해준다. 눈과 입의 형태에 대해서.

이준호의 설명 덕분에 키스할 때 어떻게 해야 하는지 알게 되었지만 모든 문제가 해결된 것은 아니었다. 키스하는 동안 어떻게 하면 숨을 편하게 쉴 수 있는지가 고민이었다.

우영우는 문제가 생기면 고민하고, 조언을 구하고, 그래서 문제를 하나씩 해결해 나가고 있었다. 아직 어설프지만 우영우는 스스로, 그리고 이준호와 함께 키스에 대한 스키마를 조금씩 더 정교하게 만들어가고 있었다.

사랑의 동화와 조절

우영우의 코와 입만 보이는 화면. 이준호는 우영우의 온전한 얼굴을 보고 싶다. 그래서 자신이 원하는 것을 우영우에게 알려준다. 자기도 변호사님 얼굴을 볼 수 있게 해달라고. 그리고 문제를 해결할 수 있는 방법도 알려준다. 핸드폰을 좀 멀리 하면 될 것 같다고. 이제 환하게 웃는 우영우의 얼굴을 온전히 볼 수 있다. 영상통화에 대한 우영우의 스키마가 조금 개선된 것이다. 하지만 조절이 필요한 스키마가 한두 가지가 아니다.

"그럼, 이만 끊겠습니다." 영상으로 이준호의 얼굴을 본 우영우가 전화를 끊으려고 한다. 이준호를 보려고 전화했는데 이준호를 봤으니 끊겠다는 것이다. 이번에도 이준호가 자신이 원하는 것을 알려준다. 전화를 받은 자기의 마음도 있으니, 앞으로는 자기에게도 전화를 끊고 싶은지 먼저 확인해 달라고. 그러자 우영우가 바로 묻는다. "전화를 끊고 싶습니까?" 이준호가 답한다.

"아니요."

사랑은 스키마를 만든다. 어떻게 키스를 해야 좋은지, 영상통화를 할 때 카메라의 위치는 어디쯤이 좋은지, 전화를 끊기 전에 상대방의 마음은 어떻게 확인해야 하는지, 어떤 농담을 하면 함께 웃을 수 있는지. 우영우와 이준호는 서로에게 마음을 알려주고, 그 마음을 토대로 자신의 행동을 조절한다. 이렇게 둘의 사랑에 대한 스키마는 조금씩 정교해지고 있었다.

사랑은 함께하는 동화와 조절이다. 우리는 본능적으로 우리가 가지고 있는 스키마에 상대를 동화시키려고 한다. 하지만,

내가 가지고 있는 스키마가 상대를 이해하지 못할 때가 있다. 내 스키마가 상대를 불편하게 만들거나 심지어는 상대의 마음에 상처를 줄 수도 있다. 정교하게 잘 다듬어지지 않았기 때문이다.

내가 가지고 있는 마음의 틀이 상대를 이해하지 못하고, 심지어 상대를 오해하게 만들 때, 내 마음의 틀을 조절하는 것이 바로 사랑이다. 사랑은 자신만의 견고한 스키마에 변화를 허용한다. 상대를 이해하기 위해 나의 스키마를 끊임없이 조절하고 정교하게 만드는 과정이 바로 사랑의 과정이다.